보고는 요약이다

보고는 요약이다

C.O.R.E.
단숨에 일머리를 키우는
생각 정리의 기술

박준서 · 김용무 지음

갈매나무

호랑이는 가죽을 남기고
직장인은 보고를 남긴다

회사 일에는 명심해야 할 중요한 특징이 하나 있다. 바로 한 사람이 아니라 여러 사람이 역할을 나누고, 각각의 업무가 모여 거대한 사업이 된다는 것이다. 회사에는 업무를 지시받아 각자 단계에서 완성하고, 그 결과를 필요한 곳에 다시 전달하는 수많은 사람이 있다. 개별 업무의 흐름을 화살표로 표시한다면 회사 내에는 셀 수 없이 많은 화살표가 어지럽게 얽혀 있을 것이다.

정보가 흘러가는 화살표, 이것을 하나의 '보고'라고 생각해보자.(상사의 업무 지시도 정보의 흐름이라는 속성에서 '보고'와 동일한 것으로 간주하자.) 그렇다면 우리는 회사원 한 명 한 명을 다르게 표현할 수 있다. 수많은 정보의 화살표가 모였다가, 다시 출발하는 허브로 말이다. 우리 모두가 정보의 허브다.

그런데 이 수많은 허브는 다 동일하게 반응하지 않는다. 어떤 허브는 정보를 순조롭게 받아들이고 처리하는데, 어떤 허브는 여러 번 화살표를 튕겨낸다. 화살표가 올 때도, 화살표를 내보낼 때도 마찬가지다. 한 번 들어간 정보가 필요한 곳으로 다시 나가기까지 시간이 지체된다. 신속하고 정확하게 많은 정보를 처리하는 허브에는 점점 더 많은 화살표가 모인다. 반면 처리 속도가 느리고, 부정확한 결과를 내보내는 허브에는 화살표가 잘 모이지 않는다. 점점 외딴 섬이 된다.

그렇다. 우리 일의 핵심은 '보고'이며 회사원의 하루는 '좋은 허브'로서 일할 수 있는지 없는지에 따라 즐거울 수도 괴로울 수도 있다. 이때 우리는 이런 질문도 던질 수 있다.

"빠르고 정확하게 정보를 처리하는 방법을 배운 적이 없는데 어떻게 좋은 허브가 될 수 있죠? 그냥 알아서 잘해야 하는 건가요?"

이 이야기를 짚고 넘어가지 않을 수 없다.

배운 적이 없는데 어떻게 잘해내죠?

기업 환경이 바뀌었다. 과거 현장에서 신입사원은 '교육 기간'이라고 구분된 시간 동안 현장에 필요한 지식과 기능을 익혔다. 회사는 마치 "돈은 우리가 벌 테니, 너희는 배우기만 해"라고 말하는 것 같았다.

하지만 경제 성장률이 떨어지고 기업은 지난 십수 년 동안 기업 경쟁력에 기여하지 않는 업무나 활동은 과감하게 정리하기 시작했다. 직원을 교육하는 기간과 비용도 과도하다고 판단했다. 최소한의 비용으로 확실한 실적을 낼 사람을 채용하는 식으로 인력 운용 방향을 선회했다. '얼마나 빨리 실적을 낼 수 있나?', '교육이나 타인의 도움 없이 바로 성과를 낼 수 있는가?'와 같은 부분이 채용 기준이 됐다.

지식 전수의 문화도 사라졌다. 평생직장의 개념이 사라지고 리더의 외부 영입이 일반화되면서 선후배 관계처럼 오랜 시간에 걸쳐 지식과 경험을 전수받는 문화가 사라졌다. 과거에는 선배라면 후배가 좋은 성과를 내도록 잘 가르치는 능력이 반드시 필요했다. 오랫동안 함께 일할 사람이니 어떻게 해서든 성장하도록 도와야 했다.

하지만 이제는 그런 문화가 아니다. 프로젝트에서 한번 일한 팀원과 리더가 다음 프로젝트에선 만나지 않을 수도 있다. 팀장은 팀원에게 충분한 시간과 노력을 들여 관계 맺고 가르치기가 어려워졌고, 팀원은 웹과 SNS상에서 질문을 던지며 스스로 성장하려 애쓰고 있다. "배운 적이 없는데 어떻게 좋은 허브가 될 수 있죠?"라는 질문은 그래서 답하기 쉽지 않다.

기업 환경과 내부 문화의 흐름을 바꿀 수 없다는 점은 분명하다. 회사는 우리에게 여전히 좋은 허브가 되길 요청하고, 우리는 회사에 가도 마땅히 일을 배울 사수가 없다. 고민 끝에 내가 이 책을 쓴 이유도 여기 있다. 내가 이제까지 잘 성장하도록 많은 선배에게 대가 없는 도움을 받았듯, 나 역시 내가 할 수 있는 작은 도움을 주고 싶었다.

좋은 보고, 나쁜 보고, 이상한 보고

지금까지 이야기했듯, 우리 일의 핵심은 '보고'다. 여기서부터 출발해보자.

과연 무엇이 좋은 보고일까? '명확한 보고'? 문제를 알기 쉽게 설명하는 것은 훌륭한 보고의 핵심 조건이다. 그런데 한편 아쉬운 마음이 든다. 좋은 보고라면 회사를 움직이는 힘이 있어야 한다. 그렇다면 '주장이 뚜렷한 보고'? 조직이 실행할 전략과 방향을 알려줄 것 같다. 그런데 여전히 중요한 것을 놓친 것도 같다. 중요한 내용을 모두 담고 행동 지침까지 명확하게 알려주는 그런 보고를 뜻하는 말이 없을까? 고민 끝에 발견한 단어가 바로 '요약'이다.

요약은 '핵심 내용만 잡아 간추린다'는 의미다. 여기서 '잡는다'는 말은 '주어진다'와 다르게 적극적인 노력으로 뭔가를 얻어낸다는 뜻이다. 또 '간추린다'는 말은 어떤 기준으로 단어를 선택하고 재구성한다는 뜻이다. 즉 요약하고 싶다면 당신은 이 적극적이고 때로는 고통스럽기까지 한 과정을 겪어야 한다. 그렇게 요약을 해내야 선택과 집중을 할 수 있다. 회사의 자원을 집중할 만한 결과물이 나온다.

이제 스스로 질문해보자. 당신의 보고서는 중요한 내용을 간추리고 앞으로의 전략을 제시한 요약된 보고가 맞는가? 여기에 자신 있게 답할 수 있는 사람은 별로 없을 것이다. 때론 그런 것 같고, 때론 아닌 것 같다. 그렇다면 다시 물어보고 싶다. '요약된 보고'를 하는 방법을 고민한 적이 있는가?

축구선수는 경기장에서 90분을 뛰기 위해 아주 어릴 때부터 몸을 만들고 기술을 배워 연마한다. 보고도 마찬가지다. 보고 하나에 영혼을 담으라는 말까지는 아니더라도, 보고를 준비하고 작성하고 전달하는 과정 하나하나에도 배워야 할 기술과 노하우가 있다. 이 책은 그 방법을 고민하고 풀어가는 하나의 여정이다.

핵심을 파악하고 전달하는 C.O.R.E. 요약법

요약된 보고를 하려면 먼저 해야 할 일이 있다. 이 책은 그 과정을 네 단계로 나눈다. 먼저 상대가 내게 요청한 과제를 이해하고 핵심을 '잡아내는Catch' 단계다. 날아가는 새를 잡는 것, 헤엄치는 물고기를 잡는 것, 그것이 캐치다. 가만히 앉아 있기만 하면 귀로 들어왔던 내용은 다시 허공으로 날아간다. 정보를 잡고 싶다면 적극적으로 정보를 탐색하고, 해당 정보가 발생하는 큰 판을 이해해야 한다.

두 번째는 '정리Organize'의 단계다. 많은 정보를 읽어냈다면 이제 이를 정리할 단계다. 정리한 내용은 나와 상대가 함께 공유하는 것이므로 상대방도 알고 있는 약속된 틀이 필요하다. 프레임Frame이라고 불리는 이 약속된 틀은 군더더기는 버리면서도 내가 놓친 정보를 다시 찾도록 안내하기도 한다.

세 번째는 현장을 예측하고 실수 없이 '현실화Realize'하는 단계다.

정보를 읽고 문서 정리까지 마쳤다고 해서 모든 게 준비되었다고 말할 수는 없다. 우리가 실제로 의사소통한다는 것은 현장에서 발생하는 수많은 변수도 극복해야 함을 의미한다. 좋은 내용을 체계적으로 정리해도 현장의 변수에 대응하지 못하면 한순간에 눈치 없는 사람, 기회를 못 잡는 사람이 되고 만다.

마지막은 '표현Express'이다. 최선을 다해 준비하고, 기회도 잡았다. 이제 최종적으로 준비한 내용을 효과적으로 표현해야 한다. 이때 상대가 이해하기 쉽게 이야기하기란 생각보다 쉽지 않다. 어려운 내용을 쉽게 이야기하는 일은 비즈니스 리더의 핵심 능력 중 하나다. 제대로 전달되지 않은 내용은 일을 준비하기 위해 며칠을 고생하고 수고한 우리를 좌절시킬 수도 있다.

그래서 준비했다. 만약 핵심을 찾아내고, 정리하고, 이를 실수 없이 상대에게 전달할 수 있다면 우리는 어떤 업무 가치를 만들 수 있을까? 이 능력이 어떻게 우리를 성장하게 할지, 현장의 중심CORE에 서게 할지, 실제 사례를 통해 살펴보자.

프롤로그
호랑이는 가죽을 남기고 직장인은 보고를 남긴다   5

1부 C.O.R.E.
잘 이해하고, 설명하고, 요약하는 법

이해를 잘하면 열린다   17
설명을 잘하면 빛난다   21
요약을 잘하면 강하다   25

2부 Catch,
보고를 잘하려면 핵심을 정확하게 잡아라

일머리가 좋은 사람의 공통점   31
'해석하라' 현장에는 다양한 언어가 있다   34
'조망하라' 전체를 못 보면 놓치는 것   39
'공감하라' 상대방의 동기를 분석하는 법   44
'예상하라' 선점하면 앞서갈 수 있다   49
'기록하라' 눈앞의 상황을 표현하는 기술   53
'질문하라' 지식 네트워크에서 기억할 것   58
'실행하라' 실전에 강한 사람이 다른 점   63
'학습하라' 비즈니스 환경은 계속 변한다   68
'복기하라' 미처 생각하지 못한 전략이 나온다   74

3부 Organize, 심플한 생각 정리의 기술

결국 한마디로 정리할 수 있어야 한다 • 질서로 가는 길, Frame   83

우리는 항상 예상치 못한 질문을 받는다 • 기본기가 강해지는 5W1H   89

큰 그림을 그리는 것이 시작이다 • 환경 분석의 틀, PEST   94

분류, 정리하는 일의 중요성 • Logic Tree의 칼을 뽑아라   100

강점도 약점도 변할 수 있다 • 지피지기의 전략, SWOT   106

흐름을 알면 막힌 곳이 보인다 • 문제를 한눈에 보는 Value Chain   112

만드는 것만큼 지우는 것도 중요하다 • 선택과 집중, ERRC   119

현재 어디에 있는지 항상 알아야 한다 • 시나리오를 만드는 WBS   124

4부 Realize, 당신이 보고를 못하는 데는 사소한 이유가 있다

문제는 현장에서 발생한다   133

"중요한 것은 이게 아니잖아요!"   136

"너무 어수선해서 무슨 말인지 모르겠어요."   141

"이것은 왜 빠졌나요?"   147

"말의 앞뒤가 안 맞습니다."   151

"그건 어디서 나온 이야기입니까?"   156

"그래서 결론이 뭡니까?"   162

"지금 꼭 이야기해야 하나요?"   168

5부 Express, 보고는 요약이다

● 일잘러가 보고하는 법

보고하는 순간 알게 되는 것   177

보고도 시작이 반이다   180

"중요한 것은 세 가지입니다"   187

쉬운 말을 써야 하는 이유   191

무엇을 인정하고 무엇을 반박할 것인가   198

후퇴하는 모습이 질서정연해야 한다   205

"지금까지 논의를 정리하겠습니다"   211

보고의 다음 단계는 무엇인가   216

● 일잘러가 보고서 쓰는 법

당신의 보고서가 곧 당신 자체다   223

핵심을 보여주는 제목의 구성   226

한 장 요약 보고서의 스토리라인   231

가장 궁금해하는 질문의 답을 두괄식으로   237

보고서는 편지가 아니다   242

에필로그
단숨에 일잘러가 되는 비책이 있을까?   251

1부

C.O.R.E.
잘 이해하고,
설명하고,
요약하는 법

이해를 잘하면 열린다

우리는 사무실에서 철학이나 물리학 이론을 이야기하지는 않지만, 그렇다고 마냥 쉽고 단순한 이야기들을 나누는 것도 아니다. 말하는 사람의 의도가 숨어 있거나, 상황 자체를 제대로 이해하지 못한 채 의견을 나눠야 할 때도 있다. 이런 경우는 매우 빈번하게 발생해서 회의와 보고의 과정은 우리를 지치게 한다. 이럴 때 상대의 말을 찰떡같이 이해하는 사람이 있다면 그는 얼마나 반가운 사람일까? 경력이 많지 않았지만 K는 그런 사람 중 하나였다. 나는 순수한 감탄으로 그에게 이런 질문을 던진 적이 있었다.

"K는 어떻게 그렇게 이해력이 좋아요?"

"네? 그게 무슨 말씀이세요?"

"우리가 한번 설명하면 다 알아듣고, 또 말하지 않은 속마음도 다 아는 거 같아서요. 꼭 직장 생활을 몇십 년 한 사람 같아요."

K는 과찬이라며 쑥스럽다는 듯 웃었다.

"굳이 말씀드리자면…… 저는 '저 사람은 왜 저렇게 이야기할까' '저 말이 무슨 의미일까', 그런 생각을 많이 해요. 회사에서도 '지금 저분이 무슨 말을 하고 싶은 걸까' '이건 왜 이렇게 할까' 생각하고요. 계속 고민하니 답이 나오고, 업무 효율도 자연스럽게 오르는 것 같아요."

K는 열정적인 사람이었다. 영어 실력이 부족하다는 말을 듣고선 아침저녁으로 영어 공부를 부지런히 했고, 학력과 주변 네트워크가 단점이 될 수도 있다는 말을 듣고선 업계 전문가 모임을 찾아다녔다. 그뿐만이 아니었다. 사내 조직 개편이 있거나 새로운 시스템이 도입될 때도 누구보다 가장 먼저, 잘 알았다. 동료들은 필요한 정보를 얻기 위해 그에게 자주 의지했다.

일머리와 공부머리는 다르다

K를 보면서 일머리와 공부머리는 별도로 존재한다는 생각이 들었다. 어떤 문제를 모든 것이 정지된 환경에서 고민해 순도 100퍼센트 정답을 찾아내는 게 공부머리라면, 일머리는 모든 것이 움직이는 상황에서 불확실성을 감수하며 순간순간 합리적이고 공감되는 판단을 내리는 머리를 뜻한다.

즉 일머리가 좋은 사람은 계속 변하는 환경에 적응할 줄 안다. 어제는 정답이었는데 오늘은 오답이라고 말하는 상황을 받아들이고, 오늘의 환경에 맞춰 새로운 해답을 찾아낼 수 있다.

또 공부머리를 쓰는 사람은 한 번에 한 개 문제를 깊이 파고드는 반면, 일머리를 쓰는 사람은 동시에 여러 상황을 파악한다. 그는 여러 문제를 동시에 생각하면서 모든 진행 상황을 파악하고, 순간순간 우선순위를 결정해 효율적으로 움직인다.

물론 한 사회에서 공부머리와 일머리는 모두 필요하다. 그런데 지금까지 우리는 공부머리를 키우는 데는 엄청난 투자와 고민, 연구를 했으면서도 일머리를 키우는 데는 특별히 노력을 기울이지 않는 것 같다. 회사에서 경력이 쌓이면 자연스럽게 일머리가 생기고 프로 직장인이 되리라 생각하는 걸까? 아니면 일머리는 타고나는 것이니 노력해도 소용없다고 생각하는 걸까?

일머리는 공부머리와 다르지 않다. 업무 현장을 경험하면서 자연스럽게 자라나는 부분도 있지만, 몇 가지 공식으로 일머리를 빠르고 쉽게 키울 수 있는 효과적인 방법도 분명 있다. 노력은 헛되지 않는다. 나는 이 이야기가 이 땅의 수많은 미생에게 꼭 필요하다고 생각한다.

동료들에게 인정받는 방법

우리는 인간적인 관계가 필요해서 직장 동료를 만나는 게 아니다. 때가 되면 언제든 헤어질 수 있는 사람들이다. 그러나 그게 정말 다인가? 그렇다면 너무 메마른 관계가 아닌가? 직장 동료는 우리의 일상을 가장 많이 공유한다. 그들과의 인격적인 교류가 직장을 좀 더 즐거운 곳으로 만들어준다. 한 가지 목표를 위해 함께 뛸 때는 동료애까지 느껴질 정도다.

이런 관계를 지키기 위해서라도 당신이 갖출 조건이 있다. 바로 상대의 말을 잘 이해하는 능력이다. 비즈니스는 끝없는 정보 전달의 연속이다. 업무 지시, 회의, 결과 보고, 이 모든 것이 정보 전달이다.

그런데 당신의 모습은 어떤가? 당신이 전달하는 정보는 상대에게 잘 이해되고 있는가? 만약 그렇지 않다면 당신과 소통하는 사람들은 마친 일도 다시 하는 수고를 해야 한다. 해결한 줄 알았던 일을 다시 하는 것만큼 힘이 빠지는 경험도 없다. 그리고 만약 이런 일이 반복되면 동료들은 당신과 어떤 문제를 논의하거나 협업하기를 꺼릴 것이다. 모두가 나눠야 하는 업무에서 배제될 수도 있다. 그 결과 당신의 인격이나 인성과는 상관없이 당신에 대한 동료들의 호감 또한 급격히 줄어들 것이다. 직장에서 당신의 삶이 활기를 잃을 것이다.

직장 동료들과 어떻게 잘 지낼 수 있는지 충고해달라는 부탁을 받을 때 내가 항상 하는 말이 있다. "직장 동료의 호감을 얻으려 하지 말아요. '함께 일하기 싫은 사람이 되지 않는 것'을 먼저 목표로 삼아요."

그런 사람은 어떻게 될 수 있을지에 대한 질문에는 이렇게 대답한다. "상대가 하는 말을 정확하게 이해하고 그가 원하는 결과물을 가져다주세요. 최소한 상대방이 당신을 부정적으로 보지는 않을 거예요. 그리고 이 과정이 반복되면, 상대방은 문제를 함께 해결해주는 당신을 좋아하기 시작할 겁니다."

설명을 잘하면 빛난다

"박 대리, 이 친구는 4년제 대학 출신도 아닌데 바로 정규직 대리로 채용해도 되나? 채용 규정에 맞는 건가?"

반기 마감을 앞두고 면접위원으로 불려온 재무팀 L부장은 처음부터 기분이 좋아 보이지 않았다. 채용 면접도 엄연한 회사 일인데, 자기만 바쁜 시간을 쪼개 자선하듯 여기 와 있는 것 같은 태도에 나도 기분 좋지는 않았다.

"네. 경력직은 관련 업무 경력 연수가 채워지면 됩니다. 해당 부서장의 허가도 받았습니다."

"이분 저희가 3년 이상 눈독 들여온 친구예요. 컴퓨터 스피커라든지 주변 기기 쪽으로는 최고 전문가입니다."

채용 부서의 W차장이 L부장에게 벌써부터 지원자를 홍보한다. 해당 부서에서는 이미 다들 기다리는 전문가니, 괜히 트집 잡지 말고 좋은 평가를 달라는 메시지였다.

"회사 규정에 어긋나지 않는다고 하니 보기는 봅시다. 빨리 마무리하고 가야 하니까 즉시 진행해주세요."

면접위원장 격인 L부장의 말에 지원자를 면접실로 안내했다. 대기실에 안내할 때 이미 한번 만난 지원자다. 자신감 있으면서도 겸손한 태도에 안내만 하는 나도 호감이 생길 정도였다. 중저음의 목소리는 신뢰가 갔고 문장을 적당하게 끊어 말하는 모습도 좋았다. 그를 지원자 자리에 앉히고, 나는 구석의 진행자 테이블에 앉았다.

재무팀 L부장의 목소리에는 아직도 불편한 심기가 묻어 나왔다.

"지원자가 다른 직원에 비해 학력이 부족하고, 기존에 일하던 회사 규모도 영세한 편이네요. 이런 단점을 보완할 만한 본인의 장점이 있을까요?"

지원자는 본인이 PC 스피커 시장에서 모든 것을 경험한 사람이라는 점을 강조했다. 용산 전자상가에서 시급 받는 아르바이트부터 시작해, 중소기업 스피커 영업 담당으로 혼자 중국과 대만의 제조사를 발굴하고 러시아에 수출 거래처까지 찾은 내용을 담담하게 말했다.

"저는 스피커 설계, 디자인, 제조, 판매에 이르는 모든 업무를 경험했고 최고의 전문가 네트워크를 가지고 있습니다. 저는 소리를 사랑하는 사운드 아티스트이자 엔지니어로서 제 일이 정말 좋습니다."

사운드 아티스트, 사운드 엔지니어라는 자부심 넘치는 표현에 채용 부서 W차장은 얼굴이 환해졌다. 그런데 아직 부족했다. 재무팀 L부장은 여전히 시큰둥했다.

"사운드 아티스트가 무엇인가요?"

"각 문화와 시장에 따라 선호하는 사운드는 다 다릅니다. 전 세계 다양한 시장과 고객이 원하는 최적의 사운드를 찾는 일은 단순히 기술과 경험 외에 사운드에 대한 섬세한 감각과 애정이 필요합니다. 그래서 저는 저 자신을 사운드 아티스트라고 표현합니다."

L부장도 드디어 그의 자신감에 관심이 생긴 것 같았다.

"시장과 문화마다 원하는 사운드가 다르다고요?"

지원자의 얼굴에 갑자기 빛이 났다. 본인이 원했던 질문, 본인이 가장 하고 싶은 말을 할 기회가 왔을 때 보이는 그 빛이었다.

"네, 그렇습니다. 예를 들어 은은한 소리를 좋아하고 소리가 조금씩 커지는 그 미묘한 감성조차 즐기고 싶어 하는 유럽 고객은 스피커 볼륨을 키울 때 소리가 부드러운 곡선을 그리며 커지는 것을 좋아합니다. 반면 성격이 급한 한국인은 볼륨 버튼을 누르는 즉시 소리가 눈에 띄게 바뀌지 않으면 못 참습니다."

옆에서 듣는 내 귀에도 쏙쏙 박히는 재미있는 설명이었다. 드디어 L부장의 얼굴에도 미소가 떠올랐다.

"맞아. 내가 그래. 우린 버튼을 눌렀을 때 바로 안 되는 거 못 참지!"

L부장의 반응에 지원자는 더 신이 난 것 같았다.

"그런데 한국인보다 더한 사람들이 있습니다. 정말 성질 급한 남미 사람들은 버튼에 손을 대기도 전에 소리가 맥시멈으로 커져야 합니다."

면접위원 사이에서 폭소가 터졌다. 합격 신호였다. 이후 면접 분위기는 정말 화기애애했다. L부장은 오십이 넘으니 클래식 음악에 관심이 생겼다며 어떤 스피커가 좋은지 묻기까지 했다.

당신의 스토리가 능력이다

복잡한 내용이라도 쉬운 용어로 재미있게 얘기할 수 있는 사람은 많은 사람에게 환영받고 인정받는다. 말은 쉽지만 그날 지원자만큼 내게 생생하게 그 능력을 보여준 사람은 많지 않았다. 부족한 스펙도 극복할 수 있는 게 스토리의 힘이라는 사실을 직접 보여준 셈이다.

탁월한 능력, 빛나는 경험을 가진 사람들은 많다. 그런데 진짜 현장에서 인정받을 수 있는 사람은 그 능력과 경험을 다른 사람에게 제대로 전달할 수 있는 사람이다.

사운드 아티스트라는 본인의 경험에 대한 정의, 그리고 그 이야기를 듣는 사람의 귀를 넘어 마음에까지 전달한 그의 설명 능력이 당시 면접 현장을 바꾸고 채용 자리의 분위기를 뜨겁게 했다. 이쯤 되면 우리도 스스로를 돌아볼 만하다. 우리는 자신의 경험 혹은 가치를 빛나게 할 핵심 단어를 알고 있는가? 단 한 번의 그 기회를 빛나게 할 설명의 기술을 알아야 한다.

요약을 잘하면 강하다

"T님, 다음 주까지 해야 할 일이 뭐라고 했죠?"

회의가 끝날 때마다 나보다 경력이 짧은 T에게 회의 내용을 물어보는 게 유쾌한 일은 아니었다. 그러나 나는 절박했고, 그때마다 T는 깔끔하게 정답을 말해줬다.

"다음 주까지 90일 이상 클로징(채용 확정)되지 않은 포지션 중에 팀장 이상급 포지션은 채용 부서장에게 클로징이 안 된 사유를 알려주고 언제까지 클로징할 수 있을지 예상 기간을 말해달라고 했습니다."

"아, 그거군요. 고마워요!"

외국인 임원과의 회의는 곤욕이었다. 우선 임원들이 쓰는 영어를 100퍼센트 다 이해하지 못할 때가 있었다. 또 담당한 지 얼마 되지 않은 분야의 전문 용어를 모두 이해하기는 쉽지 않은 일이었다.

결국 T에게 의존할 수밖에 없었다. 그런데 알고 보니 T를 찾는 사람은 나뿐만이 아니었다. 그 회의에 참석하는 다른 팀장들도 나처럼 T를 자주 찾았다. T는 우선 영어가 유창했다. 또 이 조직의 초창기부터 함께한 사람이라 업무의 전문적인 용어는 물론 그간의 여러 일을 모두 꿰차고 있었다.

외국인 임원도 나를 비롯한 팀장들이 회의가 끝나면 T에게 다시 내용을 확인하는 것을 자연스럽게 눈치챈 듯했다. 약속이라도 한 것처럼 T는 회의 중에도 외국인 임원과 다른 팀장들 사이에서 중간자 역할을 했다.

특히 T가 필요한 상황은 회의가 끝날 때였다. T는 회의를 마무리하며 오늘 회의에서 어떤 이야기가 나왔고, 다음 회의까지 무엇을 해야 하는지 요약해 설명했다.

처음에는 팀장들 가운데 가장 낮았던 T의 입지가 시간이 지날수록 점점 올라갔다. 3년 정도 지나고 모든 선배 팀장들은 이런저런 이유로 회사를 떠났지만, T는 외국인 임원들을 제외하고 가장 높은 자리에 올랐다.

내용을 확실히 파악하고 요약하는 능력이 있는 사람과 그렇지 않은 사람의 차이는 크다. 이른바 '요약력'이 있는 사람은 본인이 가진 현재 직급에서는 물론 그 위 직급에도 영향력을 행사한다. T의 사례에서 볼 수 있듯 자신이 해야 할 일을 분명히 파악하는 것은 물론 상대가 해야 할 일이 무엇인지도 정확히 알려줄 수 있기 때문이다.

반면 요약력이 없는 사람은 다른 사람에게 별다른 영향력을 행사할 수 없다. 심지어 그가 리더 자리에 있다고 하더라도 그렇다. 상황을 이해하고 앞으로 무엇을 해야 할지 판단해야 할 순간 도리어 다른 사람의 도움이 필요하다. 그의 이런 부족한 실력은 그 밑에 있는 사람들이 가장 먼저 알게 마련이다.

요약하지 못한다면 알지 못하는 것이다

리더의 요약력이 드러나는 상황은 생각보다 자주 발생한다. 특히 비즈니스 리더는 하루에도 수십 번씩 문제를 이해하고 판단하며, 명확하게 요약해 자신의 의견을 전달한다. 복잡한 상황에서 사람들 역량을 한 방향으로 모아야 하고, 새로운 업무를 지시할 때는 분명한 방향을 가리켜야 한다. 이는 끝없는 테스트다. 테스트를 몇 번 실패하면 리더십은 회복하기 어려운 상처를 입는다. 요약력은 리더가 갖춰야 할, 갖추지 않으면 안 될 최고의 지적 무기다.

물론 우리는 스스로를 리더라고 생각하지 않을 수도 있다. 그렇지만 오늘 내 앞의 이 업무는 오직 나만이 할 수 있는 일이 아닌가? 일의 핵심을 요약할 수 있다면, 우리는 각자의 업무에서 리더라고 해도 무방할 것이다.

기억하자. 자기 업무에서 최고의 경지에 오른 사람은 누구도 무시할 수 없다. 어디서든 당당할 수 있다.

2부

Catch,
보고를 잘하려면
핵심을
정확하게 잡아라

일머리가 좋은 사람의 공통점

야구 경기의 포수Catcher를 생각해보자. 시속 160킬로미터가 넘는 강속구도 잡아내고, 타자의 머리를 향해 오다가 순식간에 발목으로 뚝 떨어지는 변화구도 잡아내야 한다. 포수가 이런 공을 잡지 못한다면 수비하는 팀은 바로 혼란에 빠지고 크게 실점하기 쉽다. 포수는 곧 팀을 흔들리지 않게 잡아주는 경기의 기둥이다. 그래서 주장이나 감독 중에는 포수 출신이 많다. 야구 경기를 유심히 보라. 포수의 손가락에서 모든 작전이 시작된다.

비즈니스 현장을 보자. 셀 수 없이 많은 회의, 지시, 보고, 협상, 대화 중에 놓쳐서는 안 될 정보들이 빠르게 오간다. 모든 비즈니스 활동은 주변에 날아다니는 정보를 잡아내는Catch 것에서 시작한다. 그러나 순식간에 지나가는 정보를 제대로 잡아내기란 절대 쉽지 않다. 제대로 듣지 못하거나 해석하지 못해 중요한 비즈니스 기회를 놓쳐버리는 일이 비일비재하다. 이런 일이 반복되는 기업이나 개인은 시장에서 결국은 퇴출당한다.

어떻게 하면 이러한 정보를 놓치지 않고 정확하게 이해할 수 있을까? 수많은 직장인이 해결하지 못해 괴로워하는 문제다. 우리 고민은 여기에서 시작한다.

정보는 쉴 새 없이 날아다닌다

태생적으로 자신은 협업이 적성에 맞지 않는다고 말하는 사람이 있다. 반대로 눈치 빠르고 조직 생활을 즐기는 성향이라고 자신하는 사람도 있다. 두 사람 사이엔 매우 큰 차이가 있는 것처럼 보인다. 전자라면 회사를 그만둬야 하는 건 아닌지 심각하게 고민할지도 모르겠다. 하지만 알고 보면 두 경우는 그저 출발점이 다를 뿐이다.

직장 생활은 긴 마라톤이다. 누가 승리할지는 앞으로 어떻게 성장하는지에 따라 충분히 달라질 수 있다. 단 중요한 조건이 있다. 절대 포기하지 말아야 한다. 그리고 항상 한 발짝 더 앞으로 나아가겠다는 의지가 있어야 한다.

회사를 비롯한 여러 조직에서 "일 눈치가 빠르다" "상황 파악을 잘한다" "통찰력이 있다"고 평가받는 사람들을 살펴보자. 이들에게는 공통적인 특징이 있다. 바로 중요한 정보를 잡아내고 정확히 이해하는 능력이 있다는 것이다. 문제 상황의 핵심을 파악하고, 깊이 있게 해석하고, 이 능력을 실전에 적용해 발전시킨다.

✔ 문제 상황을 관찰한다.

① 현장의 언어를 이해한다.(해석하라.)

② 전체 그림을 이해하며 현재 상황을 파악한다.(조망하라.)

③ 상대방 입장에 서서 생각한다.(공감하라.)

✔ 파악한 내용을 내 지식으로 만든다.

④ 미리 앞일을 그려본다.(예상하라.)

⑤ 중요한 정보는 따로 정리해둔다.(기록하라.)

⑥ 혼자 해결할 수 없다면 전문가에게 물어본다.(질문하라.)

✔ 깨달은 지식을 실전에 적용하며 강화한다.

⑦ 현장의 장애물을 체험한다.(실행하라.)

⑧ 이론과 경험을 겸비한다.(학습하라.)

⑨ 되돌아보며 반성한다.(복기하라.)

이 목록을 염두에 두고, 지금부터 본격적으로 출발해보자. 일 눈치가 빠른 사원, 상황을 잘 파악하는 팀장, 통찰력 있는 지도자. 바로 우리가 가고자 하는 목적지다.

'해석하라'
현장에는 다양한 언어가 있다

"김 대리님, 입찰 견적서에서 우리 몫의 용역 수수료는 몇 퍼센트인가요?"

"5.5퍼센트입니다."

"입찰 지시서에 나온 내용인가요?"

"입찰 지시서에는 관련 내용이 없어서 동종 기관의 최근 낙찰 견적서 다섯 개 평균치를 구했습니다. 해당 기관 내부 규정에도 문제가 없을 거라고 담당자에게 확인했습니다."

"네, 수고했어요. 그럼 수수료를 5퍼센트로 조정하면 전체 견적이 얼마나 되는지 시뮬레이션해서 알려주세요. 입찰 서류는 나라장터 홈페이지에 올리면 되나요?"

"네, 부장님. 그런데 나라장터에 접속하려면 법인인증서가 필요한데요. 만기라서 갱신해야 하니 시스템에서 결재 부탁합니다."

"알겠습니다. 이번에 김 대리님과 조 사원님이 수고 많았어요. 끝까지 잘 부탁합니다."

김 대리와 나란히 서서 윤 부장과의 대화를 다 들은 조 사원, 윤 부장이 자리를 뜨자 김 대리가 조 사원에게 말한다.

"자, 이제 어서 움직입시다. 인증서 결재 올리고 수수료 5퍼센트짜리 시뮬레이션 견적서 준비해주세요. 그동안 저는 입찰 관련 규정 보고 내용을 정리할게요."

김 대리는 미팅에 늦을까 봐 마음이 급하다. 어려운 일이 아니니 조 사원이 혼자서도 충분히 처리할 수 있을 거라 생각했다. 그런데, 조 사원의 표정이 어둡다.

"대리님, 인증서 결재 올리라는 말이 무슨 말씀일까요? 시뮬레이션이 뭔지 다시 설명해주실 수 있으세요?"

"제가 지난번에 설명하지 않았나요……?"

"죄송합니다. 인증서나 시뮬레이션 같은 말이 많이 낯설어서요. 처음이고 안 해본 일이라서…… 앞으로는 열심히 잘하겠습니다."

비즈니스 현장의 언어가 생존의 열쇠나

처음이라 낯설다는 조 사원의 말이 틀린 건 아니다. 누구나 처음부터 말을 잘 알아들을 수는 없다. 하지만 김 대리의 답답한 마음은 말할 것이다. '누구든 처음엔 모르지. 그런데 처음 설명할 때 누구는 한 번에 알아듣고 누구는 그렇지 않다면, 그리고 그런 일이 반복된다면, 결국 못 알아듣는 사람이 설 곳은 없어.'

이렇듯 비즈니스 현장의 언어를 정확하게 알아듣는 일은 그 현장에서 생존하기 위한 첫걸음이다.

비즈니스 현장의 언어는 몇 개 층이 있다. 우선 해당 직업인만 사용하는 전문 언어다. 변호사, 의사, 군인 등 전문가 사이에서 혹은 재무, 인사, 회계 등 각 분야에서 쓰는 '직업의 언어'다. 매출 이익, 경상 이익, 순이익 같은 용어를 모르면 재무팀에서 일할 수 없다. 인사팀에서 일할 때는 채용, 교육, 평가, 보상, 노사 등의 용어에 익숙해야 한다.

해당 기업에서만 사용하는 회사의 언어도 있다. 많은 최고경영자가 회사 구성원의 역량을 한 방향으로 모아 효율적으로 성장하기를 원한다. 그렇게 하는 유용한 방법이 그 회사만이 사용하는 '조직의 언어'를 만들고 공유하는 것이다. 회사의 비전, 미션, 핵심 가치 등 한번 정한 단어는 이후 회사 공식 문서에 반복해서 등장한다.

조직의 언어 하위에는 함께 일하는 동료들이 사용하는 '무리의 언어'가 있다. 특정 인물이나 업무를 지칭하는 공통언어를 말한다. 이는 동료들과 어울리면서 자연스럽게 습득할 수 있는 언어인데, 직업의 용어나 조직의 언어가 담아내지 못하는 미묘한 감정이나 인간관계 등을 나타내기도 한다.

말하지 않은 것까지 알아야 하는 순간

비즈니스 현장의 언어를 모두 알아도 업무상 대화가 어려워지는 순간이 있다. 바로 말하지 않은 것까지 알아야 할 때다. 사실 이런 상황에서 문제가 발생하면 말하지 않은 쪽의 책임이 크다. 그러나 그 말하지 않은 사람이 상사이거나 고객이라면 잘잘못을 따지기 어렵다. 오히려 속뜻을 눈치채지 못한 쪽이 '눈치 없다' '능력 없다'는 말을 듣기 쉬우며, 심지어 책임져야 할 일이 발생하기도 한다. 이 '말하지 않은 것'이란 과연 무엇일까?

예를 들어 회사에서 함께 일하는 사람끼리 업무 처리 과정을 공유하는 기본 절차를 살펴보자. 김 대리가 조 사원에게 "윤 부장님께 결재 올려주세요"라고 지시했다면, 이는 굳이 말하지 않더라도 중간 결재자인 김 대리의 선결재를 포함한 뜻일 수 있다. 이때 조 사원이 김 대리를 거치지 않고 윤 부장에게 직접 보고한다면 업무를 제대로 수행하지 않은 셈이 된다.

이러한 업무 절차는 회사 규정에 명시돼 있기도 하지만, 구성원끼리 암묵적으로 공유하는 때도 많다. 따라서 새로운 조직에 소속됐다면 무엇보다도 이를 빨리 익히려 노력하는 편이 좋다. 그 속도가 늦거나 시간이 지나도 이런 절차에 둔감하다면 '새로운 환경과 업무에 적응하지 못하는 사람'이 된다.

나아가 업무 관련 당사자의 숨은 필요Needs와 욕구Desires도 잘 드러나지 않는 경우가 많다. 특히 상사나 고객의 필요와 욕구는 명확하게 표현되지 않더라도 알아서 파악해야 한다. 물론 이는 쉽지 않고 100퍼센트 맞출 수도 없다. 그러나 상대방이 대화하다가 내비친 사소한 단서부터 우연히 알게 된 과거 경험까지, 이런 것들을 동원하면 정확도는 자연스럽게 올라간다. 호기심 어리면서도 적극적인 태도, 상대방의 입장에서 보는 상상력과 논리력 등이 중요하다.

당신이 새로운 회사나 조직에 들어갔다면, 나아가 팀원과 효율적으로 협업하고 싶다면, 앞서 말한 현장의 언어는 물론 그들이 말하지 않은 언어도 파악할 수 있어야 한다. 당신이 비즈니스 세계를 이해하는 첫걸음은 그곳의 언어를 듣고 이해하는 것에서 시작한다.

CORE Lesson

비즈니스 현장에는 다양한 언어가 있다. '직업의 언어', '조직의 언어', '무리의 언어', 그리고 상대방의 숨겨진 욕구와 같이 '보이지 않는 언어'도 있다. 최선을 다해 그 언어들에 귀기울이는 것이 비즈니스 세계를 이해하는 첫걸음이다.

'조망하라'
전체를 못 보면 놓치는 것

조 사원은 고객사에 보낼 자료의 엑셀 수치가 틀려 김 대리에게 크게 혼난 적이 있다. 2,500명 고객에게 새해 연하장을 보내는 이번 과제만큼은 깔끔하게 수행하리라, 조 사원은 단단히 마음먹었다. 고객 정보의 이름과 주소가 잘못되지는 않았는지 어제부터 세 번을 확인하고, 이번엔 틀림없다는 확신으로 퇴근 전 김 대리에게 중간보고를 한다.

"대리님, 새해 연하장 보낼 고객 명단 다 정리했습니다. 이번에는 오류 없도록 잘 준비했습니다."

그런데 김 대리는 연하장 문구를 보지도 않고 질문부터 던진다.

"연하장을 인쇄할 일정은 다 잡은 거죠?"

"고객 목록을 먼저 확인했는데요…… 인쇄소 일정은 내일 알아보겠습니다."

김 대리가 황당하다는 듯 말한다.

"제가 인쇄소부터 잡으라고 말하지 않았나요? 연말에 인쇄소 잡는 게 얼마나 어려운지 몰라요? 당장 인쇄소에 연락부터 하세요. 고객 명단은 인쇄소에 자료 넘길 금요일까지만 확인하면 되잖아요."

결국 야단만 맞았다. 조 사원은 억울하다. 실수하지 않으려 2,500명 명단을 힘들게 확인했는데, 김 대리는 그에 대해 일언반구도 없다.

전체 속에서 세부를 본다는 것

위와 같은 상황은 조직에서 누구나 한 번쯤 겪어보았을 것이다. 왜 이런 일이 발생할까? 지시를 내린 사람과 지시를 받은 사람이 생각하는 '업무의 큰 그림'이 다르기 때문이다. 업무의 큰 그림이란 특정 목표를 달성하기까지 필요한 세부 과제의 범위와 순서를 말한다. 다시 위 상황으로 돌아가 두 사람이 각각 생각하는 업무 우선순위를 살펴보자.

✓ 조 사원: 대리님의 지시를 실수 없이 수행하고 싶다. 지난번에는 자료 준비에 실수가 있었지만, 이번에는 깔끔하게 완수해야 한다. 자료를 완벽하게 준비해서 일단 보고하자. 자료에 문제가 없다면 대리님이 후속 지시를 내릴 테고, 그것을 잘 수행하면 될 것이다.

✓ 김 대리: 새해 일정에 맞춰 연하장 2,500장을 보내려면 인쇄소부터 확보해야 한다. 연하장을 보낼 주소 명단과 인사 문구는 그다음 작성해도 된다.

김 대리는 과거에 연하장을 보내 본 경험이 있기에, 연말에는 인쇄 일정부터 확보하는 것이 중요한 과제임을 알고 있었다. 이렇듯 실무자로서 해당 업무 경험이 쌓이면 더 큰 그림을 그릴 수 있게 마련이다. 즉 "경력이 쌓인다" "연차가 쌓인다"는 것은 다양한 업무에 대해 큰 그림을 갖고 우선순위를 정해 범위를 확장해나갈 수 있다는 뜻이다.

이에 반해 조 사원은 김 대리가 그린 그림의 한 부분만을 보았다. 경험이 부족한 조 사원은 김 대리가 하는 말을 100퍼센트 이해할 수가 없고, 업무의 핵심을 놓치기 쉽다. 이렇듯 해당 업무에 관해 파악한 전체 그림이 작을 때, "시야가 좁다" "전체를 못 본다" "핵심을 놓친다"는 평가를 받는다.

큰 그림이 없으면 우선순위가 흔들린다

큰 그림을 가진 사람은 새로운 업무를 맡았을 때, 혹은 팀원에게 업무를 지시해야 하는 과중한 직책을 맡았을 때도 업무의 핵심을 놓치지 않고 끝까지 잘 마무리한다. 그렇다면 이러한 큰 그림은 상당한 연차가 쌓여야만 그릴 수 있는 것일까?

사실 업무를 전체적으로 살펴보고자 하는 의지가 있고 그 방법만 안다면 이는 그다지 어렵지 않다. 타임테이블, 워크플로우Workflow, 밸류 체인Value chain 처럼 큰 그림을 그리는 도구도 많아서 시간을 조금만 투자한다면 효과적으로 정리할 수 있다. 그림을 그리는 방법은 '전체적인 업무 시뮬레이션 → 담당자 배정 → 필요한 자원 준비'의 순서로 진행된다. 구체적으로 살펴보자.

우선 시간의 흐름에 따라 업무를 시뮬레이션한다. 프로젝트가 완성되는 시점을 기준으로 삼아 가장 먼저 시작해야 할 과제부터 마지막 과제까지 빠짐없이 구성한다. 업무를 어디서 시작해 어디서 마무리해야 할지 최대한 크게, 또 자세하게 보는 눈이 필요하다.

프로젝트가 종료되는 지점을 정확하게 아는 것은 특히 중요하다. 업무를 마쳤다고 생각한 순간 추가로 일이 더해지면 피로감과 좌절감이 더 크다. 예를 들어 온라인 쇼핑몰 운영자가 고객에게 상품이 도착하는 때를 업무 종료 시점이라고 생각했다면, 배달 후 생기는 고객 불만이나 환불 요구에 무난히 대처하기가 어렵다. 이 경우 보통 평정심을 잃게 마련이다. 따라서 시간의 흐름에 따라 프로젝트 진행에 필수적인 모든 과제를 정확히 이해하고 그려보는 것이 중요하다. 업무 전체를 이해하고 있는 경우와 모르는 경우의 차이는 꽤 크다.

업무 전체 과정을 적어봤다면 이제 각각의 과제를 누가 담당하는지 살펴봐야 한다. 업무를 배우는 처지에서는 '어떻게 일을 하는지' 못지않게, '누가 일을 하는지' 또한 매우 중요하다. 담당자를 통해 그 일이 실제로 어떻게 진행되는지 배울 수 있기 때문이다. 프로젝트 타임테이블에 담당 부서나 담당자를 표시해 두면 이 프로젝트를 위해 어떤 사람들이 필요한지 한눈에 알 수 있다.

마지막으로 전체 그림 속 작은 단위를 수행하는 데 필요한 자원과 기술을 생각해본다. 프로젝트를 진행할 때 가장 중요한 일 중 하나는 내가 할 수 있는 일과 다른 사람의 도움을 받아야 하는 일을 구분하는 것이다. 다른 사람의 도움을 받아야 하는 일은 그 사람이 도와줄 의사가 있는지, 일정이 가능한지 등 확인해야 할 추가적 변수가 있다.

또 내가 할 수 있는 일에 대해서는 가장 효율적이고 효과적으로 수행하는 방법이 무엇인지 생각해볼 필요도 있다. 같은 결과를 내더라도 효율적으로 쉽게 일을 해결하는 사람이 정말 고수라는 걸 잊지 말자.

CORE Lesson

큰 그림을 그린다는 것은 해당 업무 전체를 보는 눈을 갖는다는 말이다. 내 일의 앞뒤에 어떤 절차와 업무가 있는지를 고려해야 한다. 그리고 그 업무를 함께하는 사람이 누구인지, 필요한 자원과 기술이 무엇인지 알아야 한다.

'공감하라'
상대방의 동기를 분석하는 법

"그 일정은 무리예요. 계약에 없던 사항을 요구하시면 안 되죠."

고객사 오 대리와 대화하는 조 사원의 목소리가 점점 커진다. 결국, 전화기를 내려놓고 조 사원은 김 대리에게 달려간다.

"대리님, 문제가 좀 생겼는데요. 고객사에서 막무가내로 금요일에 시범 강의를 보여달라고 하네요. 그쪽 임원이 교육 내용을 직접 확인해야 한대요. 현실적으로 불가능하다고 설명해도 막무가내예요."

"금요일이요? 그건 어렵죠. 그 고객사, 우리가 계약에 없던 것도 해주니까 너무 당연히 여기네요. 딱 잘라서 안 된다고 하세요."

이번에는 김 대리도 정색한다.

"이 상황은 윤 부장님께도 보고합시다. 앞으로 절대 약한 모습 보이지 말자고요."

둘은 윤 부장에게 가서 상황을 보고한다. 김 대리는 고객사가 무리한 요청을 하더라도 가능하면 협조해주라던 윤 부장의 방침을 이번 기회에 바꾸고 싶다. 설명을 들은 윤 부장이 잠시 생각하더니 입을 연다.

"김 대리님. 연락한 사람이 오 대리라고 했죠? 그런데 오 대리한테 안 된다고 얘기하면 직접 결정을 내릴 수 있나요? 그 고객사 분위기를 봤을 때 팀장이 지시했다면 오 대리도 어쩔 수 없을 것 같은데요."

"맞는 말씀입니다만, 그 사람들 정말 말이 안 통할 때가 많아요!"

"김 대리가 오 대리라면 컨설팅 회사에서 안 된다고 했다는 말을 임원한테 할 수 있겠어요? 오 대리가 이 문제에서 벗어날 방법을 줘야죠. 임원이 교육 내용을 확인하고 싶다고 하니, 강사에게 상황을 설명하고 기존에 강의한 동영상을 받아서 전달하면 될 거 같은데요. 김 대리는 강사님께 요청해보고, 조 사원은 이 방법으로 문제 해결이 가능할지 오 대리에게 연락해보세요."

윤 부장의 말도 이해는 되지만, 조 사원은 그래도 여전히 고객사한테 끌려다니는 것만 같아서 불만이다. 끌려가서 일해야 하는 것은 결국 김 대리와 조 사원 본인이 아닌가.

"김 대리와 조 사원 불만도 이해합니다. 이렇게 계약 외에 추가된 일에 대해 용역 목록을 준비해두시죠. 나중에 고객사와 정산할 때 제값을 받아냅시다."

자기 마음을 읽은 것 같은 윤 부장의 제안에 조 사원은 놀란다. 지금 좀 더 수고하더라도 나중에 제값을 받겠다고 생각하니 다시 기운이 난다.

공감을 못하면, 서로가 섭섭하다

업무 현장에서 대화가 가장 안 통하는 사람은 누구일까? 들으려 하지 않는 사람이다. 상대방 말을 이해하려 듣지 않고 자기 입장만 주장하는 사람과 얘기하기란 보통 곤혹스러운 일이 아니다. 일자무식보다 더 답답한 것이 닫힌 마음이다. 그런데 이를 반대로 생각하면, 다른 사람 말을 쉽게 이해할 열쇠가 보인다. 바로 상대방 처지에서 생각해보는 것이다.

상대방 처지에서 생각한다는 것은 그의 동기를 분석한다는 뜻이다. 왜 그런 말을 하고, 왜 그렇게 행동하는지 원인을 생각하면, 상대의 말을 더 쉽게 이해할 수 있다. 사람이라면 누구나 즐거운 일은 해보고 불쾌한 일은 피하고 싶은 기본 동기를 지닌다는 사실을 염두에 두고 그의 입장에서 문제 상황을 분석해보자. 인간의 기본적인 욕구는 업무 현장에서 어떻게 나타날까?

인간은 즐거운 일을 원한다

승진이나 연봉 인상 같은 외적 보상은 직장인이라면 누구나 좋아할 것이다. 이는 평상시 업무에도 반영된다. 확실한 성과가 보장된 일일 때 당사자는 시간과 노력을 아낌없이 투자할 것이다. 상대방이 특정 업무나 조건에 집착한다면 그것이 당사자의 핵심 성과와 관련된 일이 아닌지 생각해볼 수 있다.

어떤 일이 개인적 가치관에 부합할 때 더 열정을 다하는 사람도 있다. 가령 이 일을 통해 더 많은 것을 배우고 실력을 키우고 싶다는 기대도 무시할 수 없는 중요한 동기다. MZ세대로 불리는 젊은 세대일수록 '내가 하고 싶은 일'에 대한 열망이 강하다. 이런 상대를 대할 때는 그의 행동이나 말 뒤에 자리한 동기를 유심히 살펴볼 필요가 있다.

평상시에는 소극적으로 일을 회피하던 사람이 어떤 프로젝트에 열성을 보이거나 자신의 업무가 팀 전체의 중요 과제인 듯 이야기할 때, 이런 동기들이 작용하고 있을 것이다. 물론 이런 성향이 지나치면 자기 이익만 좇아 움직인다는 평가를 받을 수도 있다. 하지만 자신에게 도움 되는 일, 하고 싶은 일을 하려는 것은 인간의 자연스러운 본성이다. 이 본성을 잘 활용하면 업무에 큰 활력소와 추진력이 될 수도 있다.

인간은 불쾌한 일은 피한다

반대로 직장인이 싫어하는 일에는 무엇이 있을까? 업무 실수로 인해 상사에게 받는 질책, 평가에서의 불이익, 감사에서 규정 위반이나 불법이 적발돼 징계받는 일 등을 피하고 싶을 것이다. 합리적 요청인데도 불구하고 상대방이 거절한다면, 위와 같은 동기일 가능성이 있다. 새로운 업무를 성취해서 받을 보상보다 실패의 위험이 크다면, 누구나 다 소극적으로 변한다.

특히 대기업이나 공기업과 함께 일할 때 "규정 위반이다" "본부장님이 안 좋아하신다"라는 답이 돌아온다면, 그 어떤 자신 있는 내용으로도 상대방을 설득하기란 어렵다. 이때는 상대방의 "안 된다"는 말을 "내가 받을지 모를 불이익을 어떻게 해결할 수 있느냐?"로 해석하고 그 해결책을 줘야만 문제가 풀린다.

사람이라면 익숙하고 쉬운 것을 좋아하게 마련이다. 낯설고 복잡한 일은 이해하기 어려운 탓에 감정적으로도 불편하다. 제안 내용도 훌륭하고 반드시 해야 할 일인데 상대방이 소극적이거나 거절한다면, 쉽게 설명했는지 다시 확인할 필요가 있다. 이럴 때의 "안 된다"는 말은 "내용이 복잡해서 생각하기 싫고 짜증이 난다"로 해석해야 한다. 문제를 더 쉽고 간결하게 설명하면 상대의 반응은 달라질 수 있다.

CORE Lesson

설득해도 전혀 듣지 않는 상대가 있다면, 그가 왜 그러는지 또 무엇을 원할지를 생각해보라. 상대의 관점에서 이해하려는 마음으로 보면, 의외로 문제가 쉽게 해결될 수 있다.

'예상하라'
선점하면 앞서갈 수 있다

"오늘 우리가 만날 사람은 박 부장과 오 과장이에요. 실무 담당은 오 과장인데, 실질적인 의사 결정은 박 부장이 할 겁니다. 신임을 많이 받는 사람이어서 임원급 팀장이 따로 있는데도 박 부장 선에서 결정된 일은 대부분 그대로 확정됩니다."

대구로 내려가는 KTX 안에서 윤 부장은 조 사원과 이야기를 나눈다. 대화 주제는 오늘 미팅에 관한 것이다. 조 사원은 오늘 윤 부장을 잘 따라다니며 고객과 인사를 나누는 게 자신의 일이라 생각했는데, 윤 부장은 생각보다 세세하게 조 사원에게 설명한다.

일단 오늘 일의 주요 목적은 코로나 이후 기존 계약에 변수가 생겨 계약 금액을 수정, 변경하는 것이다. 용역 수행만 잘하면 되니 고객사 총무팀은 계약 금액 변경에 별다른 이견이 없을 텐데 문제는 재무팀이다. 윤 부장은 재무팀 승인을 받기 위해 어떤 문제를 협의 중인지도 자세하게 설명한다.

이야기를 나누다 보니 순식간에 대구 고객사에 도착했다. 조 사원은 고객사 박 부장과 오 과장을 만난 적이 없는데 마치 오래전부터 같이 일해온 사람인 것처럼 인사한다. 두 사람은 윤 부장이 이야기한 그대로다.

고객사 회의실에서 회의가 진행된다. 코로나로 인해 비용이 상승한 항목을 공유하고, 각 항목별로 어느 정도 비용을 추가 편성할 수 있을지 협의한다. 여기까지도 윤 부장이 말한 그대로다. 가끔 고객사에서 사용하는 전문 용어가 나오기도 하지만 조 사원이 전체 내용을 이해하기에 어려움은 없다.

조 사원은 서울로 돌아오는 KTX에서 회의 내용을 정리했다. 몇 가지 용어를 윤 부장에게 물어본 것 외에는 어렵지 않게 정리를 마쳤다. 덕분에 오늘 하루가 알찼다는 조 사원에게 윤 부장이 미소 짓는다.

"사실 조 사원님과 대화하면서 저도 업무 전체를 다시 그려볼 수 있었어요. 예습한 내용이 도움이 많이 됐습니다. 오늘 고생 많았습니다."

회사에서도 예습이 중요하다

학창 시절 예습이 중요하다는 선생님 말씀을 자주 들었을 것이다. 오늘 배울 내용을 미리 살펴보면 무엇을 배울지 흐름을 알게 되고, 수업을 듣는 중에도 현재 본인이 이해가 안 되는 부분이 어디인지도 알 수 있다. 회사에서도 마찬가지다.

회의나 보고할 일이 있을 때 미리 안건을 구체적으로 생각하고 임하면 현장에서 진행되는 이야기를 쉽게 이해할 수 있다. 회의와 보고의 제목만 보아도 대략 무슨 이야기가 나올지 짐작하고, 예상되는 질문이나 논쟁점까지 떠올리는 고수도 있다. 아직 그런 수준이 아니라면 미리 공유된 안건이나 보고서를 숙지하고 참여하는 게 좋다. 그렇게 해도 무슨 말인지 이해되지 않는다면 주관자에게 회의의 핵심 내용이 무엇인지 미리 확인하는 것도 방법이다.

논의할 사항을 먼저 짐작하고 현장에 들어가면 내용을 이해하기가 훨씬 편하고 쉽다. 마치 대본을 읽으며 연극을 보는 일처럼 말이다. 물론 모든 내용을 완벽하게 예상할 수는 없다. 예상치 못한 일도 분명히 있다. 그런 부분에 대해서는 에너지를 집중해 경청하고 질문하고 논의하면 된다.

준비한 만큼 해결책이 보인다

학교에서는 어떤 문제가 발생한다고 내가 직접 해결책을 제시해야 할 의무는 없다. 하지만 회사는 문제 상황을 이해할 뿐 아니라 적절한 해결책을 제시하고 필요한 계획까지 수립해야 한다. 회사에서 회의와 보고를 하는 이유는 이 때문이다.

문제가 무엇인지 파악하지 못하면 당연히 해결책을 내놓을 수 없다. 그런데 회의 안건을 미리 알고 있었다면 현장에서 좋은 해결책을 제시할 가능성도 높아진다. 안건을 먼저 이해하는 과정에서 기초적인 해결책이 떠오를 수도 있다.

　문제 상황을 파악하고 해결책에 대한 열쇠를 앞서 고민해본 사람이 회의를 주도할 수 있다. 본인과 소속팀에 좀 더 유리한 상황으로 합의를 끌어낼 수 있고, 어쩔 수 없는 상황에서는 발생할 수 있는 피해를 최소화할 수 있다.

CORE Lesson

회사 생활에도 미리 생각하고 준비하는 예습이 필요하다. 그럴수록 이해하기 쉽고 새로운 해결책도 보인다. 중요한 회의나 미팅이 있다면 그 내용의 흐름을 처음부터 끝까지 미리 그려보자.

'기록하라'
눈앞의 상황을 표현하는 기술

오전 회의를 마치고 나니 해야 할 일이 산더미처럼 쏟아진다. 김 대리의 마음이 복잡해진다. 자리에 앉아 언제나 들고 다니는 업무 다이어리를 펼친다. 지난 금요일에 작성한 이번 주 업무 목록이 적혀 있다. 아침 일찍 해결해 벌써 두 줄을 그어 지운 것도 있다. 김 대리는 업무 목록 오른쪽에 파란색으로 적어놓은 메모를 읽는다.

✔ 고객사 김 부장에게는 월요일 오전 10~11시 사이에 전화하지 말 것. 업무 회의로 스트레스를 많이 받는 시간.

✔ 보고서 작성시 표나 그래프 같은 시각적 자료를 적극 활용할 것! 윤 부장님 피드백.

김 대리는 업무 목록 중 몇 가지를 골라 그 옆에 또 메모한다.

✔ 내년 경영 계획에 들어갈 인력 계획 초안 작성: 내일까지 최우선 작업.

✔ 조 사원 경영 기획안 작성 노하우 교육: 다음주 화요일로 연기.

✔ 지난 교육 프로젝트 잔금 입금 확인: 조 사원에게 요청.

'그래, 오늘은 인력 계획 초안에 집중해야겠네.' 다 적고 나니 김 대리의 머릿속이 명쾌해진다. 그때 옆에서 조 사원이 불쑥 나타난다.

"대리님은 정말 메모를 잘하시네요. 메모가 정말 효과가 좋아요?"

"그렇죠. 잊어버릴 수 있잖아요."

'기억이 아니라 잊어버린다고?' 조 사원은 어리둥절하다.

"메모하고 나면 오늘 안 해도 될 일은 머리에서 지우고, 당장 해야 할 일에만 에너지를 집중할 수 있거든요."

"아…… '걱정인형' 같은 거네요! 걱정을 이야기하면 그 걱정을 대신 가져간다는 인형이요."

"비슷하네요."

김 대리가 웃는다.

먼저 내 언어로 상황을 정리해야 한다

출근하는 내내 오늘 해야 할 일이 너무 막막해 우울해본 적이 누구나 있을 것이다. 오늘까지 모두 끝내야 하는데, 진척은 너무 느리고 다른 해결책은 생각나지 않는다. 마음이 불안해 집중도 안 되는 악순환이 이어진다.

이럴 때 추천하고 싶은 방법이 있다. 바로 문제를 글로 표현하는 것이다. 마치 종이에 걱정을 적으면 다 사라지기라도 할 것처럼 다음 사항들을 최대한 구체적으로 적는다.

✔ 일이 안 되는 원인.

✔ 일을 실패했을 때 예상되는 피해.

✔ 피해를 최소화할 방법.

✔ 문제 원인을 해결하기 위해 내가 할 수 있는 일.

✔ 문제 해결에 필요한 동료나 상사의 도움.

물론 이렇게 한다고 해서 모든 일이 다 해결되는 것은 아니다. 그러나 분명한 몇 가지 이득이 있다.

우선 걱정과 공포를 계획으로 바꿀 수 있다. 업무가 잘 풀리지 않을 때 우리는 일종의 패닉 상태에 빠진다. 판단이 흐려지고 필요 이상으로 두려워해, 더 큰 걱정과 공포가 일어난다. 이때 문제를 구체적이고 명확하게 표현하면 악순환의 고리를 끊을 수 있다.

글로 표현한 문제는 타인과 공유할 수도 있다. 내 머리에서 정리되지 않은 문제를 타인에게 설명하고 도움받기란 어렵다. 먼저 문제를 내 언어로 정리하고 이를 명확하게 설명한 뒤 도움을 요청해야, 상대도 도울 수 있을지 없을지 답할 수 있다.

한 페이지에 문제 상황과 원인, 내가 해야 할 일, 도움이 필요한 일 등을 다 써보자. 한눈에 상황이 보일 것이다. 자연스럽게 큰 그림을 보고, 의외의 해결책을 발견할 수도 있다.

키워드를 중심으로 기록하는 습관

회의나 보고 중에, 또는 교육받는 중에 계속 기록하는 사람이 있다. 그는 귀와 눈으로 듣고 보는 동시에, 두뇌로 상황을 정리해 손으로 기록하는 복잡한 작업을 진행 중이다. 이 작업은 꼭 필요한 것일까?

사람의 기억력에는 한계가 있다. 한자리에서 진행되는 내용이라도 모든 것을 기억하지는 못한다. 그러나 문제를 정확히 이해하기 위해서는 전체 내용을 모두 알아야 할 때가 있다. 복잡한 프로젝트의 진행 과정을 설명하는 자리를 상상해보라. 듣는 사람이 각 단계를 구분해 기록해두지 않으면 나중에 어떤 단계에서 무엇을 해야 할지 혼동할 수 있다. 어쩌면 중요한 부분을 기억하지 못하고 놓칠 수도 있다. 아무리 기억력이 좋은 사람이라 해도 모든 과정을 기억하지는 못한다. 우리가 하는 일이 그렇게 간단하지가 않다.

그럼 어떻게 해야 잘 듣고 기록할 수 있을까? 들리는 모든 내용을 다쓸 수는 없을 텐데 말이다. 이때 요리 레시피를 듣는 것처럼 생각하면 의외로 쉽게 해결할 수 있다.

먼저 내 행동 중심으로 내용을 정리한다. 처음 해야 할 일, 두 번째로 해야 할 일, 마지막으로 해야 할 일을 구분한다. 주의사항과 참고사항이 있다면 어떤 일과 관련된 것인지도 적는다. 특정한 일을 할 때 지켜야 할 조건은 반드시 숙지해야 한다.

만약 내가 이미 알고 있는 다른 일과 진행 과정이 비슷하다면 익숙한 일을 기준으로 정리하는 것도 좋다. 세부 과정에 대한 이해를 더 높여줄 것이다. 그 안에서도 다르게 해야 할 일, 새로 해야 할 일, 하지 말아야 할 일을 구분하면 더욱 좋다.

물론 일의 순서를 이야기하는 회의가 아닐 수도 있다. 그 경우 말하는 사람이 어떤 단어를 반복해 이야기하는지, 무엇이 중요하다고 강조하는지 들어보자. 메모를 잘하지 못하는 사람이더라도 이런 키워드는 금방 눈치챈다. 그 키워드를 중심으로 내용을 붙여가는 것도 좋은 방법이다.

CORE Lesson

현재 상황이 막막하게 느껴진다면 문제가 되는 일을 글로 표현해보자. 의외의 해결책이 나올 수 있다. 또 복잡한 설명을 들을 때는 중요 키워드를 순간순간 기록하라. 그렇게 하면 두뇌가 모든 내용을 기억하려 하기보다 지금 이해해야 할 것에 에너지를 집중할 수 있다.

'질문하라'
지식 네트워크에서 기억할 것

"MZ세대 언어 특성 자료를 모으는 중이라고 했죠? 잘 돼가나요?"

"대리님, 이게 쉽지 않네요. 관련 키워드를 검색해봐도 이거다 싶은 자료가 없어요. 신문 기사를 살펴봐도 마땅치 않고요."

"무슨 자료가 필요한 건가요?"

"MZ세대 언어에 무엇이 영향을 주는지, MZ세대가 기성세대와 대화할 때 무엇이 불편한지 등이요."

눈이 퀭해진 조 사원이 보고서 목차를 김 대리에게 보여준다.

"어떤 자료가 필요한지 어느 정도 방향이 생겼네요. 여기 연락해봐요. 제 대학교 선배인데, 언어와 문화를 연구하는 분이에요. 도움이 될 거 같네요."

며칠 후 조 사원은 전문가를 만나고 돌아왔다.

"대리님, 감사해요! 정 박사님이 제게 필요한 자료를 다 가지고 계시더라고요. 제가 생각지 못한 아이디어도 주셨어요!"

그러더니 슬그머니 이런 말도 더한다.

"그런데 이런 분을 알고 있다고 왜 더 일찍 말씀해주지 않으셨어요? 그럼 시간을 더 많이 아낄 수 있었을 거 같은데요."

김 대리가 빙그레 웃는다.

"도움이 됐다니 다행이네요. 그런데 다른 사람에게 질문하는 걸 너무 쉽게 생각하면 안 돼요, 조 사원. 내가 아는 게 무엇이지, 모르는 게 무엇인지, 그리고 무엇을 묻는지가 명확해야 해요. 무작정 찾아갔으면 정 박사님도 조 사원님에게 필요한 아이디어가 뭔지 몰랐을 거예요."

'Know Who'의 시대가 왔다

우리는 한때 어떤 일을 할 때 그 일을 남들보다 효율적으로 잘하는 방법을 고민했다. 이 방법을 노하우Know-how라고 특별하게 불렀다. 노하우는 귀찮은 일을 좀 더 수월하게 처리하는 작은 요령일 수도 있고, 개인의 시장 가치까지 올리는 특별한 무기가 될 수도 있었다. 어찌됐든 한 사람이 가진 지식과 기술이었다.

그러나 지식 대부분이 공유되는 인터넷 시대에는 개인의 노하우보다 어떤 정보가 어디에 있는지 알고 찾아내는 능력이 더 중요해졌다. 내가 모르는 지식이더라도 검색을 통하면 쉽게 얻어 활용할 수 있기 때문이다. 정보의 보고가 어디 있는지 아는 것이 중요한 'Know Where'의 시대다.

물론 Know Where의 시대가 됐다고 해서 노하우가 소용없다는 말이 아니다. 오히려 추가됐다고 보는 편이 맞다. 청동기가 발견됐다고 해서 이전의 석기를 사용하지 않는 게 아니라, 더 정교해진 석기를 청동기와 함께 쓴 것과 같다.

여기에 더해 이제는 'Know Who'의 시대가 왔다. 정보 기술의 발전은 우리가 소화하지 못할 만큼 대량의 정보와 깊이 있는 지식을 쏟아내고 있다. 한 사람이 모든 것을 알고 모든 일을 훌륭하게 처리하는 시대는 갔다. 내 능력이 한정적이라는 사실을 받아들이고, 다른 전문 분야에 관해서는 그 분야의 전문가에게 배울 줄 알아야 한다. 이것이 Know Who의 시대다.

이 흐름은 지식 담론으로서만이 아니라 우리 일상에서도 볼 수 있다. 새로운 프로젝트를 맡고, 새로운 사업을 시작할 때 회사 안팎의 전문가에게 조언을 구하는 사람들이 있다. 이들은 지식 네트워크를 잘 활용하는 사람들이다.

기득권과 이권을 지킬 배타적인 인맥을 만들라는 이야기가 아니다. 지식과 재능을 나누고 함께 성장하는 열린 네트워크를 갖춰야 한다. 특히 당신이 리더로 성장하고 싶다면 지식 네트워크는 필수적이다. 높은 직위로 올라갈수록 이전에는 경험하지 못한 프로젝트도 맡아야 하기 때문이다. 당신이 얼마나 훌륭한 지식 네트워크를 가지고 있는지가 이때 드러난다.

배우려고 해도 뭘 알아야 배울 수 있다

지식 네트워크를 활용할 때 기억해야 할 것이 있다. 바로 '세상에 공짜는 없다'는 것이다.

전문가 혹은 다른 동료에게 무엇인가를 물어볼 때는 그 전에 충분한 자기 학습이 전제돼야 한다. 그래야 내가 어떤 정보가 필요한지 상대방에게 정확하게 전달할 수 있다. 그렇게 하지 않고 어떤 문제를 전반적으로 설명해달라 요청하면 상대방도 난감해진다. 무슨 이야기를 어디서부터 어디까지 해달라는 걸까? '나는 이렇다고 알고 있는데, 이런 문제는 잘 모르겠다'라고 특정해야 정보를 주는 측에서도 말을 시작하기가 편하다.

내가 가진 정보를 필요로 하는 사람이 있다는 것은 분명 기분 좋은 일이다. 상대방이 질문에 앞서 스스로 열심히 찾아보고, 준비한 흔적이 보이면, '이 분야를 이렇게 존중해 주는구나' 하는 뿌듯함까지 느껴진다. 어쩌면 대화 중에 신선한 견해가 나와 서로가 더욱 성장하는 계기가 될 수도 있다.

반면 사전에 아무 준비 없이 정보를 달라고만 하는 태도라면 주는 쪽에서 달가울 리 없다. 자신이 전달하는 정보를 상대가 100퍼센트 이해할지, 받은 정보를 정확하게 활용할지 알 수 없고, 정보를 전달하는 시간이 아깝게 느껴질 수도 있다.

질문은 양날의 칼이다. 전문가나 경험자의 지식을 요청할 수는 있다.

그러나 노력 없이 남의 수고를 가져가려는 태도가 습관이 되면 우리 자신의 성장은 그대로 멈춘다는 것을 기억하자.

CORE Lesson

처음 접하는 문제나 상황이 발생하면 먼저 스스로 파악해보려 시도 해보자. 전문가의 도움은 최소한의 기초 지식을 확보한 후에 받는 것이 가장 좋다. 아무리 훌륭한 전문가가 곁에 있어도 준비되지 않은 사람에게는 무용지물이나 다름없다.

'실행하라'
실전에 강한 사람이 다른 점

"김 대리님, 지난 해 우리에게 교육 프로그램을 맡긴 고객사가 이번에는 채용 프로젝트를 진행해달라 요청했어요. 관련 내용을 메일로 전송할 테니 프로젝트 견적서를 오늘까지 만들 수 있나요? 다른 업무보다 더 먼저 처리해줬으면 해요."

출근하자마자 윤 부장의 업무 지시가 온다. 상당한 매출이 기대되는 고객사의 요청이다. 다급하게 일을 시작할 법도 한데 이메일을 확인한 김 대리는 전화기부터 든다. 목소리도 차분하다.

"네, 김 부장님. 오늘 점심 약속을 내일로 미뤄도 될까요? 아, 감사합니다."

"이 대리님. 오전까지 요청하신 자료 오늘 저녁에 드릴게요. 그래도 문제가 없을까요?"

오늘 예정한 약속과 업무를 차례차례 연기하고 조정한다. 그리고 견적서를 요청한 고객사 오 과장에게도 연락한다.

"오 과장님, 이번에 프로젝트를 준비하신다고 들었습니다. 수고가 많으시네요. 혹시 지난 프로젝트에서 아쉬웠던 점은 없으셨어요? 이번 제안에는 개선해서 잘 반영할게요."

전화를 다 마치고 나서야 김 대리는 프로젝트 견적서를 작성하기 시작한다. 점심은 샐러드 박스로 간단하게 해결하고 업무에 집중한 결과, 윤 부장이 처음 요청한 시간보다 두 시간 일찍 견적서를 완성한다. 윤 부장과 내용을 최종 검토한 후 고객사에 전달한다.

다음날이 됐다. 고객사에서도 바로 연락이 왔다. 결과는 대성공, 추가 요청 사항 없이 바로 계약을 진행하자는 제안이다. 대표에게 보고하는 자리에서 윤 부장은 활짝 웃으며 김 대리를 칭찬한다.

"고객사 담당 말로는 경쟁 업체 세 군데에 견적을 요청했는데 저희 서류가 가장 빨리 도착했다고 합니다. 양식도 고객사 내부에서 사용하는 것과 같아 임원에게 바로 보고할 수 있었다고요. 미처 생각하지 못한 요청 사항까지 꼼꼼하게 작성해 흠잡을 데가 없었답니다."

여러 사람이 함께 일할 때 필요한 것

분명히 배운 일인데, 왜 직접 하려면 긴장되고 실수가 생길까? 그것은 강의실과 사무실이 다르기 때문이다.

우선 환경이 다르다. 강의실은 배우기 위한 최적의 환경이다. 조용한 공간에, 방해하는 사람은 없고, 교수님은 나를 도와주는 조력자다. 그러나 회사는 다르다. 전화벨이 끊임없이 울리고, 나를 부르고 또 부르는 선배, 업무를 지시하고 얼마 지나지 않았는데 시간이 얼마나 더 필요한지 추궁하는 상사 등…… 사무실은 한 가지 일에 집중하기 어려운 장소다. 주어진 과제도 한 가지가 아니다. 동시에 여러 일을 해야 한다. 여기서 상당한 스트레스도 생기고, 정신을 집중하기 힘드니 실수도 생긴다.

또 실전에서는 필요한 자료가 100퍼센트 준비돼 있지 않다. 엑셀 작업을 해야 하는데 자료가 없다. 취합한 수치 자료가 몇 분 전에 수정됐고, 보고서 내용도 추가되거나 변경됐단다. 애초에 지시가 정확하지 않은 경우도 있다. 주어진 문제를 있는 그대로 풀면 되는 학교와 달리, 회사에서는 무엇이 문제인지 정의하는 일도 내 몫이다.

문서 작업마다 요구하는 양식을 따르는 것도 중요하다. 강의실에서는 최종 결괏값만 맞으면 정답 처리가 된다. 그러나 사무실에서는 파일명, 중간 자료, 수식, 폰트, 줄 간격 등 최종 결괏값 외에도 지켜야 할 조건이 많다. 나 혼자가 아니라 다른 사람과 함께 해야 하는 일이기 때문이다. 여러 사람이 같이 일할 때는 효율성을 위해 정해진 절차와 규범을 지켜야 한다. 규범을 무시하고 결괏값을 내놓으면 그 결과물은 쓰지 못할 수도 있다.

실전의 목표는 고객이다

환경에 대한 관리가 필요하다. 앞서 말했듯 회사는 특정 업무에 집중할 수 없는 곳이다. 갑자기 회의가 생긴다거나, 틈만 나면 전화가 오고, 심지어 고객이 회사를 방문하는 일도 있다. 이런 일을 100퍼센트 막을 수는 없다. 근본적으로는 이러한 방해 요소에도 흔들리지 않고 내 업무를 계속하는 요령이 생겨야 한다.

직급에 따라서는 회의나 전화 등을 내 일정에 따라 조정할 수 있다. 조정이 어렵다면 처리해야 할 일의 목록을 모두 적고 현재 진행 중인 일을 시각화해 정리하는 습관을 들이는 게 좋다. 업무 시작 전 하루 일정을 머리로 시뮬레이션하고 집중하기 좋은 시간에 중요 업무를 몰입해서 마치는 방법도 추천한다.

다만 어떤 요령이 생기더라도 이 모든 과정의 최종 목표는 고객이라는 사실을 잊어선 안 된다. 업무를 처리하는 중에는 자료를 요청한 상사나 동료가 내 고객이다. 내가 보내는 자료를 상대방이 받아 그가 사용하고자 하는 목적을 온전히 달성할 수 있는지가 가장 중요하다. 같은 결괏값이라 해도, 상대방이 이를 다시 손보고 수정해야 한다면 나는 고객을 만족시키지 못한 것이다.

이렇게 이야기한다고 해서 학교에서 배운 지식이 소용없다는 말은 아니다. 이전에 배운 게 없으면 실전에서 시도해볼 만한 일조차 없다. 습득한 지식을 실전에 적용하면서 개인적인 스트레스를 관리하고, 나아가 고객을 만족시키는 법을 배워야 한다. 이것이 바로 이론과 경험을 모두 갖춘 프로 직장인의 길이다.

CORE Lesson

학교에서 배운 현장과 실제 일하는 현장은 다르다. 배운 그대로 일하기에는 회사의 현장이 혼란스럽고 상황과 환경도 끊임없이 변한다. 주변 환경을 분석하고 극복할 수 있도록 대비하는 게 당신의 실력이다.

'학습하라'
비즈니스 환경은 계속 변한다

경영 환경과 기술이 변하는 속도는 갈수록 빨라지고 있다. 많은 기업이 그들의 핵심 가치나 행동 강령에 '변화' '혁신' 같은 단어를 명시하고 새로운 환경에 빠르게 적응하는 것을 중요한 가치로 강조하는 것도 당연하다.

이에 따라 현대의 직장인도 비즈니스 현장에서 끝없이 배워야 한다. 그것도 남들보다 빠르게, 잘 배워야 한다. 배움을 통해 계속 변신하고 성장해야 일도 더욱 즐거워진다. 오늘 배워야 할 것을 부실하게 하고 있다면, '배울 게 없는 안타까운 상사'의 모습이 머지않아 내 모습이 될 것이다.

그렇다면 어떻게 하루하루를 허투루 보내지 않을 수 있을까? 이론에서 튼튼해지고 실전에서 더욱 유연해지는 전략이 있을까?

배울 게 없는 사람이 될까 봐 두렵다

이론 지식을 무시해선 안 된다. 물론 공부하기 위해 다시 대학이나 대학원을 가라는 말이 아니다. 우리는 우리 주변 모든 곳에서 배울 수 있다. 업무 관련 교육이나 필요한 서적은 주기적으로 업데이트되고, 더 전문적인 교육을 받고 싶다면 온라인 대학도 있다. 외국 유명 대학 강의 영상도 어렵지 않게 찾아볼 수 있다. 의지만 있다면 길은 어디든 있다.

따로 시간을 내기 어렵다면 일상생활에서 배우는 방법도 있다. 내가 아는 선배는 예능 프로그램을 보면서 수첩에 뭔가 기록하곤 했다. 그게 뭔지 물어보자 "발표 자료에 쓰면 좋은 디자인이 있길래"라고 답해서 깜짝 놀랐다. 동료 직원은 주말마다 유명 카페를 돌아다니길래 커피를 좋아하는지 알았더니, "커피도 커피지만 인테리어 공부를 하고 있어요"라고 말했다. 쉬는 시간에도 업무에 얽매이라는 말이 아니다. 관심을 가지고 보면 개인적인 취미가 특별하고 더 재미있는 일이 될 수도 있다는 말이다.

그렇다면 업무 현장은 어떨까. 말 그대로 '일하면서 경험해야 하는' 곳이 아닐까? 이론처럼 따로 공부할 게 아니라 자연스럽게 몸으로 부딪쳐 겪을 일이 아닌가 생각하는 분도 있을 것 같다. 하지만 그렇지 않다. 실전도 효율적으로 배우려면 사전에 계획하는 게 좋다. 계획에 따라 실행하고, 실행한 다음에는 새로 배운 점을 정리하는 것이다. 이를 계획 Plan → 실행 Do → 돌아보기 See 라고 한다. 이 과정은 우리가 직장인으로 사는 한 끝없이 반복해야 하며, 실력을 높일 수 있는 실마리가 된다.

예를 들어보자. 당신은 새로 입사하는 신입사원을 위한 OJT 프로그램 기획안을 작성하는 업무를 맡았다. 당신은 바로 컴퓨터의 문서 프로그램을 열어 제목부터 작성할 것인가? 30분만 시간을 내 계획을 세우길 추천한다. 이 시간 동안 업무를 가장 효율적으로 수행할 방법, 업무 진행에 고려해야 할 리스크, 도움이 필요한 자원 등을 정리할 수 있다.

그리고 나서 실제 업무를 진행한다. 계획 단계에서 예견한 일도 있고, 생각지 못한 변수도 있을 것이다. 신입사원 OJT 강사로 염두에 둔 사내 전문가 일정을 확인했더니 하필 당일에 출장이 있다고 한다. 그렇다면 다른 전문가를 찾거나, 아니면 사전에 교육용 동영상 촬영을 요청할 수도 있다. 리스크를 미리 생각한 사람은 이렇게 예상치 못한 문제가 발생하더라도 당황하지 않고 해결한다.

다행히 상사의 결재까지 잘 마쳤다. 많은 사람이 이 순간 업무가 끝났다고 생각한다. 그러나 한 걸음만 더 나아가자. 기획안을 작성하면서 받은 동료와 상사의 피드백, 스스로 잘했다고 생각한 점과 아쉬운 점 등을 정리해보면 좋다. 이 과정까지 마무리한 사람의 학습 곡선은 결재 후 업무를 종료한 사람의 학습 곡선보다 더 가파른 모양으로 상승한다. 비슷한 업무를 다시 맡았을 때 훨씬 빠르고 수월하게 수행한다.

가르치며 배울 수 있는 기회

다른 사람을 가르치는 것도 학습의 좋은 방법 중 하나다. 이 과정에서 오히려 자신이 더 많이 공부하고 배웠다는 이야기는 흔히 들어봤을 것이다. 학교에서도 학생이 직접 친구들을 가르치는 방법을 훌륭한 교육법으로 인정한다. 그런데 왜 남을 가르칠 때 내가 더 성장할까?

다른 사람을 가르칠 때는 우선 내가 아는 것과 잘 모르는 것이 확실해진다. 알고 있다고 생각했는데 막상 개념이 확실치 않아 설명하기 어려운 부분이 모두 드러나기 때문이다. 이로써 내가 더 보강해야 할 부분이 어디인지 알 수 있다.

또 복잡하고 어려운 문제를 상대방에게 이해시키려 다양한 방법으로 설명하는 동안 스스로 이해의 폭이 넓어진다. 한 가지 사물을 다양한 관점에서 바라보면 입체적인 사고가 길러지는 것과 같다.

무엇보다 교육하기 위해서는 지금까지 설명한 '핵심을 잡아내는 방법'들을 스스로 적용하고 실천해봐야 한다. 핵심어를 정확히 이해하고, 큰 개요를 그리고, 배우는 사람의 입장도 고려해야 한다. 스스로 공부하고, 습득한 내용을 언어로 표현해야 한다. 직접 내가 경험한 내용을 교육했을 때 최고의 효과가 있을 것이다. 지금까지 이 챕터에서 이야기한 모든 방법론을 종합한 것이 다른 사람을 가르치는 일이다.

학습한 것은 정리해야 한다

밖에서 이론을 배우든, 안에서 경험을 하든, 우리는 다양한 경로로 많은 지식을 쌓는다. 이 모든 지식들은 제대로 분류하고 정리해야 오래 보관하고 활용할 수 있다. 마치 옷, 그릇, 신발 등을 각각의 수납공간에 제대로 정리해야 필요할 때 다시 찾아 쓸 수 있는 것처럼 말이다.

컴퓨터 파일, 관련 서류철, 노트 정리 등을 막론하고 학습한 지식과 경험한 업무를 체계화하고 정리하는 습관이 필요하다. 그리고 스스로 다시 확인해보자.

✔ 나는 몇 개의 지식 폴더를 가지고 있는가?
✔ 각 지식 폴더는 충분한 자료를 보관 중인가?
✔ 각 지식 폴더는 계속 업데이트되고 있는가?
✔ 업무에 대한 피드백을 별도로 기록하고 있는가?
✔ 전문가가 되기 위해 보강해야 할 지식 분야는 무엇인가?

입시 위주의 강압적인 교육을 받으며 우리는 공부를 좋아하기 어려운 문화를 만들어왔다. 그러나 새로운 지식을 섭취하는 일은 우리의 생각을 계속 활발하게 움직이게 하는 영양분이다. 새로운 생각을 받아들이고 배우지 못하는 사람은 '고인 물'이 되고 외로워질 수밖에 없다. 빠르게 변하는 사회에서 결국 도태된다. 몸의 에너지를 만들기 위해

주기적으로 밥을 먹듯, 우리 생각 또한 활력을 얻기 위해 새로운 지식이 필요하다.

CORE Lesson

학습에도 전략이 필요하다. 같은 경험을 하고, 같은 교육을 받아도 전략적으로 접근하면 결과가 달라진다. 무엇보다 비즈니스 환경은 살아 있는 사람처럼 계속 변한다. 배워야 할 것이 끊이지 않는다. 새로운 지식을 즐겁게 여기고 배우는 자세를 잃어버리면 그때부터 당신은 늙기 시작한다.

'복기하라'
미처 생각하지 못한 전략이 나온다

어제 경쟁 입찰에 실패한 윤 부장은 마음이 좋지 않다. 입찰 서류 준비를 위해 몇 주를 함께 고생한 김 대리와 조 사원의 얼굴을 볼 면목이 없다. 그들은 또 얼마나 힘이 빠질 것인가. 그렇다고 리더인 본인이 의기소침한 모습을 보여줄 수도 없고…… 팀원들이 자신을 위로할 수도 있지만, 동시에 리더에 대한 신뢰를 잃지 않을까도 걱정된다.

복잡한 생각에 휩싸였던 윤 부장이 마침내 생각을 정리하고 김 대리와 조 사원을 부른다. 어두운 표정의 두 사람에게 대뜸 실패한 경쟁 입찰 이야기를 꺼낸다.

"김 대리님, 조 사원님. 발표 자료 준비하느라 수고 많았어요. 최선을 다했는데, 결과가 아쉽네요. 경쟁 업체도 준비를 많이 한 거 같아요. 어제 발표를 두 분은 어떻게 봤나요?"

곰곰이 생각하던 김 대리가 먼저 입을 뗀다.

"이번 입찰은 특히 견적 가격이 크게 영향을 미쳤던 것 같습니다. 더 경쟁력 있는 가격을 제시할 방법을 재고해봐야겠다고 생각했습니다."

윤 부장이 고개를 끄덕인다. 거기에 좀 더 힘을 받아 김 대리가 이어 이야기한다.

"기존 프로젝트 고객이 저희와 함께 일하며 얼마나 만족했는지 보여주는 것도 좋지 않았을까요? 고객사 만족도가 객관적으로도 높은 편인데, 이런 점을 충분히 어필하지 못한 게 많이 아쉬웠습니다. 긍정적인 피드백을 비슷한 프로젝트별로 모아 자료로 만들어두면 좋을 것 같습니다."

새로운 아이디어다. 조 사원도 한 마디 거든다.

"발표 자료도 고객사의 양식대로 만들면 좋겠습니다. 그럼 저희 제안을 보다 쉽고 빠르게 파악할 수 있을 것 같습니다."

윤 부장이 빙그레 미소 짓는다. 비록 이번 입찰은 놓쳤지만 다음 입찰 때는 더 성장해 있으리라 확신이 생긴다.

복기는 경험을 지식으로 바꾼다

회사에서는 모두가 똑같이 일을 한다. 그런데 같은 경험을 하더라도 사람에 따라 성장 속도가 다르다. 이 차이에는 다양한 원인이 있겠지만 그중에서도 제대로 된 복기를 하는지 여부는 특히 중요한 부분이다.

먼저 복기를 하면 경험한 내용을 오래 기억하고 되새겨볼 수 있다. 기억하기 위해 따로 노력하지 않으면 사람은 19분 후 전체 내용의 42퍼센트를 망각하고, 24시간 후 67퍼센트를 망각한다는 독일 심리학자 헤르만 에빙하우스의 망각 곡선 이론이 있다. 굳이 이 이론을 빌리지 않더라도 어떤 것을 경험하고 머릿속에서 이를 다시 한번 재구성해본 사람은 해당 내용이 보다 오래 기억에 남는다는 사실을 알 것이다.

복기를 하면 하나의 상황을 다양한 사람의 입장에서 해석할 수 있다. 일어난 일들을 단순히 나열하라는 말이 아니다. 당시 왜 그런 말을 했는지 반성하기도 하고, 상대방이 한 말의 속뜻이 무엇이었는지 추측하기도 한다. 타인의 입장에서 상황을 재구성할 수도 있다. 입체적으로 문제를 분석하는 게 복기다.

무엇보다 복기는 향후 일어날 수 있는 일의 전략을 짜는 데 훌륭한 도구다. 유사한 상황이 다시 발생했을 때 더 빨리 전체 상황과 상대의 의도를 간파하고 최적의 판단을 하도록 가상훈련을 할 수 있다. 일종의 시뮬레이션 훈련인 것이다.

일에 끌려다닐까, 일보다 앞서갈까

방금 있었던 일도 차분히 곱씹어볼 수 없을 만큼 정신없는 곳이 비즈니스 현장이다. 그렇다고 현장에서 얻은 소중한 경험을 그대로 내버릴 수는 없다. 아무리 바빠도 혼자만의 시간은 있다. 출퇴근 시간, 출근 직후 업무 준비 시간, 근무 중 잠깐의 휴식 시간 등, 짧은 시간에도 메모나 일기, 셀프 피드백 등으로 지금 진행하고 있는 일을 복기하는 습관이 중요하다.

누구나 강제적으로 자신이 한 일을 복기하는 때가 있다. 바로 평가 시즌이다. 평상시에 정신없이 눈앞의 일만 처리하다 보면 막상 평가 시즌이 됐을 때 무엇을 써야 할지 막막하다. 그런데 자신의 일을 복기하는 것이 습관이 돼 있다면 평가 시즌에 무엇을 써야 할지 정도는 자연스럽게 준비된다.

게다가 복기를 통해 동료, 상사, 고객의 피드백을 다시 보게 되면 내가 한 일에 대해 상대방의 평가 또한 알 수 있다. 심지어 그 평가가 어떻게 달라지고 있는지도 알 수 있다. 평가를 단순히 고과와 연관되는 인사팀 업무로 생각하지 말자. 일 년간 자신이 한 업무를 입체적으로 돌아보고 평가하는 자리라고 생각하자. 장기적으로 성장에 큰 도움이 될 것이다.

프로 직장인이라면 정기적으로 자신의 이력서를 업데이트한다. 꼭 이직의 목적이라기보다, 최종 목표를 향해 내가 제대로 가고 있는지 확인할 수 있는 방법이기 때문이다. 최근 업무와 성취들을 자세하게 써보면 '내가 이런 경력을 쌓아가고 있구나' 하는 것이 눈에 보인다. 전문가로 성장하기 위해 어떤 업무 경험과 교육이 더 필요한지 역시 확인할 수 있다.

바둑기사는 승패를 결정지은 다음 반드시 복기한다. 복기를 통해 자신의 승패 원인을 분석하고 앞으로 사용할 전술을 고민한다. 수백 수를 어떻게 하나도 잊지 않고 정확하게 재구성하는지 신기할 따름이다.

프로 직장인도 마찬가지다. 본인의 일을 복기하고 무엇이 문제인지 파악해 개선하는 사람만이 현재의 상황에서 한 발짝 더 나갈 수 있다.

CORE Lesson

바쁘다는 핑계로 눈앞의 업무 처리에만 급급하면 영원히 일에 끌려 다닐 수밖에 없다. 복기를 통해 내가 성장하고 강해지는 것. 그것이 일보다 앞서가는 길이다.

3부

Organize,
심플한
생각 정리의
기술

결국 한마디로 정리할 수 있어야 한다

질서로 가는 길, Frame

지식 노동자의 업무를 한 단어로 표현하면 '정리'라고 나는 생각한다. 아무런 질서 없이 혼돈 그 자체로 쌓여 있던 데이터를 하나하나 정리해 질서를 부여하고, 결국 핵심을 정리하는 것이 지식 노동의 본질이 아닐까. 수천만, 수억 건의 거래 정보를 단 몇 개의 숫자로 정리하는 회계 업무는 말할 것도 없고, 수십 명의 직원이 여러 날 고민해 만든 복잡한 보고서도 최종적으로는 최고경영자의 'OK' 한마디로 정리된다. 우리 업무의 대부분은 있는 그대로의 복잡한 현상을 회사에서 통용될 수 있는 언어와 기호로 간략하게 정리하는 일이며, 이 실력에 따라 우리에 대한 평가도 갈린다.

보기 좋게 정리를 하려면 먼저 이를 위한 틀이 필요하다. 방 안에 어지럽게 널린 옷더미를 생각해보자. 어떻게 치워야 할지 막막한 상황에서 상의·하의·내의·양말 등, 종류에 따라 구역을 분류한 옷장이 있다면 정리의 실마리를 쉽게 찾을 수 있지 않을까? 종류에 따라 옷을 넣고 한눈에 보이게 정리한 옷장처럼, 어지럽게 널린 현장 정보를 종류에 따라 구분하고 정리하는 도구를 우리는 '프레임Frame'이라고 부른다. 프레임이라는 틀이 있으면 우리는 주어진 정보를 적합하게 분류할 수 있을 뿐 아니라, 전체 그림을 위해 꼭 필요한데 지금은 빠져 있는 정보도 쉽게 확인할 수 있다.

때로는 이 프레임으로 경쟁의 승패가 판가름 나기도 한다. 문제를 바라보는 프레임이 무엇이냐에 따라 도출하는 핵심 성공 요인Key Success Factor이 다르고, 기업들은 그 핵심 요소에 각자의 자원을 쏟아붓기 때문이다. 아마존은 유통업을 인터넷에 접목해 언제 어디서든 수천만 가지의 저렴한 물건에 접근할 수 있는 기술 산업으로 보았고, 유통업을 여전히 크고 화려한 매장에 사람을 불러 모으는 부동산업으로 이해한 다른 업체들을 시장에서 무참히 퇴출시켰다.

처음부터 모두가 아마존의 창업자 제프 베이조스처럼 복잡한 세계를 읽어내고 기발한 아이디어로 판을 주도하진 못한다. 그러나 지금 나의 사무실도, 베이조스의 CEO실 못지않게 중요하고 치열한 곳이다. 오늘 내 책상에서부터 세상을 바라보고 파악하는 능력을 키워보자.

당신의 커뮤니케이션이 실패하는 단순한 이유

아침부터 거래처 오 대리에게서 연락이 왔다.

"조 사원님, 이번 주 금요일까지 요청드린 저희 회사 팀장 교육 프로그램을 내일까지 보내주실 수 있을까요? 꼭 부탁합니다."

갑자기 변경된 일정에 조 사원은 깜짝 놀랐다. 일단 이 사실을 윤 부장과 김 대리에게 알려야겠다는 생각에 조 사원은 전화를 끊자마자 바로 김 대리에게 갔다.

"대리님, 한국공기업에서 교육 프로그램을 내일까지 달라고 요청하는데요, 어쩌죠?"

당황한 조 사원에게 김 대리는 태연히 묻는다.

"왜 프로그램을 내일까지 달라고 하는 거죠?"

조 사원은 더 당황한다. 급한 정보를 보고했으니 일단 문제를 어떻게 해결하면 좋을지 지시를 내릴 줄 알았는데…… 고객이 왜 그런 요구를 하는지 내부 사정까지 알 필요가 있나? 그래도 상사가 알아오라 하니 조 사원은 다시 알아보겠다고 답한다.

만약 처음부터 조 사원의 머릿속에 'Why'라는 항목이 있었다면 어땠을까? 오 대리에게 다시 전화할 필요가 없을 뿐 아니라 조 사원이 원했던 대책도 더 빨리 세울 수 있지 않았을까?

물론 생각의 틀, 즉 프레임을 사용한다고 해서 항상 완벽한 커뮤니케이션을 할 수 있는 것은 아니다. 또 내가 한눈에 파악한 내용을 충실히 전달하기만 해도 커뮤니케이션에 문제가 없는 경우도 많다. 그렇다면 프레임은 정말 필수적이라 말할 수 있을까?

답부터 말하자면, 프레임은 사용해본 사람만이 가치를 아는 숨겨진

보물이다. 프레임을 쓰지 않는 사람은 본인이 무엇을 놓치고 있는지 인식하지도 못하는 경우가 많다. 알지 못하면 잘못을 발견하고 수정하고 개선하기도 어렵다.

흔히 사람들은 커뮤니케이션 실패를 단순하게 이해한다. 내가 상대의 말을 잘 이해하지 못했거나, 상대가 내 말을 잘 이해하지 못했기 때문이라고 생각한다. 이들에게 커뮤니케이션의 실패는 그저 받아들여야 할 불편함일 뿐이다. 불편에 익숙해져서, 탈출하지 못한다.

반면 프레임을 사용하는 사람은 본인의 커뮤니케이션이 왜 실패했는지 알 수 있다. 앞서 언급된 조 사원의 커뮤니케이션 실패는 Why 항목을 생각하지 않아 벌어졌다. 이런 원인을 파악했다면 조 사원은 앞으로 대화에서 Why 항목을 더욱 신경 쓸 것이다. 그러면서 한 걸음 한 걸음 성장한다. 이 작은 성장을 장기간 축적하다보면 엄청난 변화가 생긴다.

기발한 아이디어가 떠올랐을 때 필요한 것

우리가 회사에서 프레임의 힘을 실감하지 못하는 것은 프레임에 대해 오해가 있기 때문이다.

사람들은 흔히 프레임을 썼는데도 기발한 해결책이 도출되지 않는다고 불평하곤 한다. 이에 대해 우리는 콘텐츠Contents 와 컨테이너 Container 를 구분할 필요가 있다. 콘텐츠는 내용이다. 콘텐츠는 성실한 조사와 치열한 고민, 깊은 통찰로 얻을 수 있다. 컨테이너는 콘텐츠를 담을 수 있는 그릇이다. 프레임은 일종의 컨테이너다. 그릇이 있다고 해서 그 안의 음식이 저절로 요리되지 않듯, 콘텐츠를 가지고 싶다면 별도의 노력이 있어야 한다.

내가 콘텐츠가 없는 사람이라면 프레임이 있으나 마나 한 것 아닌가? 결코 그렇지 않다. 프레임은 생각의 방향과 영역을 특정해 우리 두뇌 에너지를 한 곳에 집중한다. "어제 있었던 일이 뭐지?"라고 생각하기보다 "어제 누구를 만났지? 어디서 만났지? 무엇을 했지?"라고 생각하면 우리 두뇌는 더욱 효율적이고 정확한 답을 찾을 수 있다.

프레임은 균형 잡힌 콘텐츠를 만들도록 도와준다. 어떤 기발한 아이디어가 떠올랐을 때, 우리는 그 아이디어에만 사로잡혀 다른 것은 보지 못하기 쉽다. 보더라도 그 아이디어를 필요 이상으로 중요하고 강력하게 평가하여 균형 잡힌 시각을 잃는다. 조 사원이 자신이 들은 정보를 빨리 전달할 일만 생각한 것과 같다. 이런 일이 반복되면 "기본이 안 됐다" "커뮤니케이션 스킬이 부족하다"고 평가받을 수밖에 없다. 다시 말해 프레임이라는 컨테이너는 양질의 콘텐츠를 유도한다.

프레임의 효과는 단기적으로도 관찰되지만, 장기적으로 축적되면 더 큰 힘을 발휘한다. 앞서 언급했듯 프레임이 없으면 커뮤니케이션이 실패한 원인을 파악할 수 없다. 프레임을 통해 자신의 커뮤니케이션 스킬을 객관적으로 바라보고 계속해서 보완해 발전시킨 사람은 충분히 한 분야의 전문가로 성장한다.

성장의 길목에서 프레임은 꼭 한 번은 넘어야 할 산이다. 동시에 당신을 띄워줄 날개다.

우리는 항상 예상치 못한 질문을 받는다

기본기가 강해지는 5W1H

비즈니스 현장에서 가장 흔한 대화 유형은 무엇일까? 아마도 상사가 무엇인가를 지시하거나 질문하면, 담당자가 이에 대답하는 상황일 것이다. 이런 상황은 매일 겪기 때문에 누구나 금방 익숙해지고, 어느 순간부터는 어렵지 않게 헤쳐나갈 수 있을 것 같다. 그런 면에서 많은 사람이 이런 상황을 특별히 대비하거나 개선할 필요를 느끼지 않는다.

그런데 생각해보면 상사와의 대화가 꼭 쉽지는 않다. 상사가 알아오라 지시한 내용이나 궁금해할 것 같은 내용을 준비해가면, 예상치 못한 것을 다시 물을 때가 있다. 이런 상황은 꼭 한번씩 일어나고, 결국이에 얼마나 능숙하게 대처하고 대답하는지에 따라 우리 실력이 드러난다. 이것이 우리를 힘들게 하는 요인이다.

당신의 커뮤니케이션은 5W1H 원칙을 충실하게 따르는가? 5W1H는 어떤 일을 상대방에게 전달할 때 기본적으로 파악해야 할 것들로, 'What, Why, When, Where, Who, How'를 말한다. 우리가 초등학교

시절 배운 내용이기도 하다. 하지만 이 질문에 확신에 차 대답하는 사람은 드물 것이다. 사실 5W1H라는 프레임을 기계적으로 적용하지 않더라도 일상 커뮤니케이션에 큰 어려움은 없다. 그러나 한번 더 생각해볼 필요가 있다. 만약 당신이 의도적으로 5W1H를 사용하려는 노력을 계속해왔다면, 당신의 커뮤니케이션 실력은 지금보다 얼마나 발전했을까? 어쩌면 그만큼이 현재 당신이 놓치고 있는 부분일 수 있다.

숨어 있는 것을 찾아내는 것이 실력

이 단순하고 친숙한 프레임이 종종 어렵게 느껴질 때가 있다. 여섯 개 중에 어떤 것은 쉽게 드러나는데, 어떤 것은 숨어서 잘 보이지 않을 때가 그렇다. 5W1H를 잘 사용하기 위해서는 숨은 것들을 찾아내는 노력이 필요하다.

잘 보이지 않는 부분은 단연 'Why'다. 기본적으로 다른 문제들은 단답식으로 찾아낼 수 있으며, 그 답은 독립된 하나의 대상인 경우가 많다. 그러나 문제의 원인을 묻는 Why는 두 개 이상의 대상 사이에서 보이지 않는 인과관계를 이해해야 하는 특성상 파악하기가 쉽지 않다. 게다가 내가 찾은 Why가 최종 답안이 아닌 경우도 많다. 그래서 사람들은 "근본 원인Root Cause을 찾아야 한다" 혹은 "Why를 다섯 번은 물어야 한다"고 충고한다. 더 핵심적인 원인을 찾고, 여러 번 깊숙이 질문을 던져 답을 찾아내라는 말이다.

때와 상황에 따라 5W1H 각각의 중요성과 무게감은 서로 상이할 수 있다. 본래 상대가 궁금해했던 정보 또는 문제 해결을 위해 필요한 정보가 무엇인지에 따라, 어떤 것은 단편적인 대답으로 충분하고 어떤 것은 깊이 있는 조사와 분석이 필요할 수 있다.

사실 업무 현장에서 상사와 같은 상대방이 나에게 요청하는 질문은 5W1H의 여섯 가지 사항 중에 한두 가지인 경우가 많다. "프로젝트 담당자는 누구죠?" "수주 결과가 어떻게 됐나요?"와 같은 식이다. 하지만 그 한두 개의 질문이 나머지 대여섯 개의 이슈를 이끌어내는 화두가 될 때가 많다. 그래서 드러난 질문 외에 나머지 정보도 함께 파악하는 게 진짜 내 실력이다.

식당에서 파전을 시켰는데 파전만 가져다줬다고 생각해보자. 어떤 생각이 드는가? 이 식당은 장사하려는 게 맞는지 황당할 것이다. 파전을 시키면 당연히 간장이 따라와야 할 것 아닌가? 비즈니스 현장에서 어떤 상황을 전달해야 할 때 5W1H를 자연스럽게 준비하느냐 안 하느냐는 기본의 문제라고 말하는 것이 이런 맥락이다.

잊지 말자. 프로는 기본에 강하다.

당신이 상사에게 보고할 때 대답하기 어려운 정보가 매번 생긴다면 5W1H 중 무엇을 빠뜨리고 있는지 스스로 살펴보길 권한다. 아래 가이드가 문제 해결에 도움이 될 것이다.

첫째. 5W1H의 용도를 생각하자.

모든 비즈니스는 고객을 위한 것이다. 당신이 회의나 대화를 정리하는 이유도 상사나 동료와 중요한 정보를 공유하기 위해서다. 공유받는 사람의 입장에서 필요한 정보가 무엇일지 생각해본다면 단순히 대화나 회의를 정리하는 일조차 중요한 업무로 인식될 것이다.

둘째. Why부터 시작하자.

고객이나 상사에게 요청이나 지시를 받는다면, 먼저 "무슨 목적으로 요청하시는 거죠?" "왜 그게 필요하시죠?"라고 묻자. Why에 대한 질문은 자칫 일하기 싫은 것처럼 보이거나 상대방에게 적대감을 가진 것처럼 보여 묻기 어려울 수도 있다. 그러나 이는 상대의 '일'을 이해하는 핵심 질문이다. 이유를 알게 되면 상대가 지금 원하는 것 What 보다 오히려 더 좋은 대안을 제시할 수도 있다.(Why를 물어보는 일이 세 번 정도 반복되면 이후 상대방도 대화에서 자연스럽게 Why를 준비할 것이다.)

셋째. 틀 속의 내용에 집중하자.

5W1H를 파악하는 중에 발생하기 쉬운 실수 중 하나는 논의 내용의 핵심이 아닌 5W1H를 물어보는 행동 그 자체에 집착하는 것이다. 회의가 언제였고, 어디 회의실에서 열렸고, 누가 참석했는지 등에 신경 쓰느라 정작 그 안에서 어떤 대화가 있었는지 이해하지 못할 수도 있다. 전화, 회의, 대화는 핵심 내용을 논의하기 위한 자리일 뿐이라는 것을 항상 인식해야 한다. 우리가 집중해야 할 것은 그 안에서 진행되는 비즈니스 내용이다. 겉으로 보이는 5W1H 외에 대화 속 핵심 내용 또한 5W1H로 파악해내야 한다는 뜻이다.

큰 그림을 그리는 것이 시작이다

환경 분석의 틀, PEST

김 대리와 조 사원이 회의실에 함께 앉았다. 다음 주 전체 팀원 회의에서 두 사람은 내년도 사업 환경에 관해 발표할 예정이다.

"대리님, 이번 과제의 큰 그림은 정말 잘 그려보고 싶어요."

조 사원이 의지에 찬 표정으로 말한다.

"그럼 큰 그림을 어떻게 그릴까요? 뭔가 좋은 틀이 있으면 좋을 텐데요."

김 대리가 빙그레 웃으며 조 사원에게 질문을 던진다.

"매년 발표되는 한국미래연구소의 신년 10대 트렌드 키워드를 가져오는 건 어떨까요?"

조 사원이 골똘히 생각하다 말한다. 그런데 김 대리가 바로 찬물을 뿌린다.

"미래연구소 자료는 제가 지난번에 썼다가 엄청 혼났어요. 작은 연구소가 내놓은 트렌드를 뭘 믿고 쓰냐고요."

"그럼 하버드 대학 마이클 포터 교수의 5 Force 모델은요?"

"나쁘진 않은데, 좀 어렵지 않을까요? 듣는 사람의 귀에 착 달라붙을 만한 게 필요해요."

김 대리가 또 바로 찬물을 뿌린다. 조 사원은 당황한다. 이것도 싫다, 저것도 싫다, 도대체 기준을 어디에 맞춰야 할까?

공감의 지점은 매번 달라진다

비즈니스 언어는 과학이나 기술 언어와 다르다. 새로운 최신 정보를 전달하거나 어떤 문제의 사실 여부를 증명하는 게 아니라, 상대를 이해시키고 설득하려는 언어다. 전달하고자 하는 주제의 범위가 넓어지면 비즈니스 상대를 이해시켜야 할 범위 또한 넓어지니 대화도 어려워진다. 복사기 사용 방법을 설명하는 것보다 내년도 복사기의 영업 환경을 설명하는 게 당연히 더 어렵다.

특히 '환경'이라는 말은 범위를 정의하기가 어렵다. 환경은 우리를 둘러싼 모든 것을 의미하지 않는가? 이에 관해 이야기하기 시작하면 이 세상의 모든 것을 설명해야 할 것만 같다. 그래서 우리는 어느 수준에서 타협해야 한다. 환경 분석이라고 했을 때 대략 어느 지점까지 이야기하면 되겠다, 하는 서로 간의 공감대가 바로 그 타협점이다.

문제는 이 '공감' 지점이 매번 달라질 수 있다는 것이다. 큰 주제를 분석하기 위해 필요한 도구 역시 이를 사용하는 사람들의 공감에 의해 형성되고, 공감에 의해 바뀐다. 환경을 분석하는 프레임도 상황에 따라 바뀌고 발전해가기 때문에 항상 공부하고 업데이트하는 노력이 필요하다.

물론 지금 가장 중요한 것은, 이 시점에 많은 사람이 공감할 수 있는 환경 분석의 프레임이 무엇인지 아는 것이다. 지금 바로 당신의 보고서에 적용할 수 있는 환경 분석의 틀에는 무엇이 있을까?

네 가지 요인으로 분석하라

김 대리와 조 사원에게는 PEST라는 프레임을 추천하고 싶다. 이는 경영 환경을 아래 네 가지 요인으로 분석하는 것이다.

✔ 정치 요인 Political factor : 정부 정책, 법규, 규제 등.

✔ 경제 요인 Economical factor : 경제성장률, 물가 상승률, 실업률 등.

✔ 사회 요인 Social factor : 인구 동태, 교육, 문화, 라이프 스타일 등.

✔ 기술 요인 Technological factor : 신기술 개발과 보급, 기술 확산 등.

이 프레임의 장점은 네 개의 영역이 모두 우리 일상과 밀접한 관련이 있다는 점이다.(신문사가 어떻게 취재부를 꾸리고 있는지 보자. 정치, 경제, 사회 부서가 기본 틀이 아니던가? IT도 이제는 빼놓을 수 없다.) 이 프레임으로 환경을 분석하면 듣는 사람도 친근하고 쉽게 내용을 이해할 수 있다.

PEST 프레임은 사용자가 정보를 구해 분석하기도 편리하다. 많은 언론이 이 프레임으로 심도 있는 분석 기사를 연일 쏟아내기 때문이다.

그러나 PEST를 사용할 때 유의할 점도 있다. 각각의 항목이 우리 일상을 그대로 반영하는 반면, 적용하고자 하는 비즈니스의 산업과 기술을 깊이 있게 분석하기에는 부족하다는 점이다. 그래서 사용자는 거시 환경을 설명하는 친숙한 프레임으로 PEST를 사용하되, 해당 비즈니스를 보다 심도 있게 분석하기 위해서는 3C(고객, 경쟁사, 자사) 분석이나 5 Force(공급자, 구매자, 대체제, 기존 사업자, 신규 사업자) 분석 등 별도의 프레임을 고려하는 것이 좋다.

PEST 프레임은 명확한 한계가 있지만 사용이 쉽고 편리한 도구라는 점에서 유용하다. 당신이 내년도 경영 환경 분석을 준비하거나 출장 준비 중인 사장님께 특정 국가를 소개하는 개요를 만든다고 생각해보자. 당신이 첫 번째로 고려해야 하는 프레임은 단연 PEST다.

멋진 도입을 위한 PEST

매년 가을이 되면 많은 직장인이 다음 해 경영 계획을 어떻게 제안해야 할지 고민에 빠진다. 멋진 도입이 필요하다면 PEST 기법을 추천한다. PEST 프레임을 이용해 경제 환경의 큰 그림을 함께 그려보자.

첫째. 필요한 자료를 손과 발로 찾아라.

거시 환경은 산업과 국가, 세계 전반에 영향을 미친다. 그 말은 곧 그 환경을 분석하는 전문가가 많다는 말이다. 머리로만 고민하지 말자. 도서관, 서점, 온라인, 뉴스 등에서 부지런히 자료를 찾자. 그 분야를 전문적으로 연구하는 사람들의 훌륭한 연구 결과가 많이 있을 것이다. 단 몇 가지만 유의하자.

✓ 특정 목적, 이익 집단의 입장을 대변하는 편향적 연구가 아닌가?

✓ 최근의 주요 변화를 감안한 최신 연구 결과인가?

✓ 나 스스로 유리한 자료만 취하고, 불리한 자료는 버리고 있지는 않은가?

둘째. 찾은 자료를 PEST의 항목에 채워 넣어라.

✓ 우리 조직에 미치는 영향의 크기에 따라 각각의 자료에 중요성을 달리 부여한다.

✔ 중요성이 큰 것을 각 항목 상단에 먼저 적는다.

✔ 최대한 많은 항목을 구성하고, 여러 사람의 동의를 얻어 목록을 확정
한다.

구분	내용
Political	대통령 선거 실시 국제 관계 갈등 요소 증가
Economical	금리 상승, 유동성, 자산 축소 플랫폼 산업, 긱 이코노미(Gig Economy) 지속
Social	세대, 젠더, 직업 간 갈등 증가 고령화, 인구 감소 가속
Technological	메타버스, 블록체인 기술 가속화 전기자동차, 로봇 기술 발전

셋째. PEST 표를 이후 논의의 가이드로 활용하라.

완벽하게 거시 환경을 분석했다고 해서 반드시 좋은 논의가 나오고
필승 전략이 세워지는 것은 아니다. 주제와 맞지 않는 방향의 논의가
계속 진행되면 이 또한 문제다. 대화가 분석 내용과 어긋나지 않는지
계속 확인하는 것이 중요하다. 그렇게 한다면 최소한 '말이 안 되는 보
고서'는 나오지 않을 것이다.

분류, 정리하는 일의 중요성

Logic Tree의 칼을 뽑아라

"저…… 김 대리님, 윤 부장님이 입찰에 실패한 원인 분석을 지시하신 건 말인데요, 어디서부터 어떻게 시작해야 할지 막막한데, 조언 좀 해 주실 수 있을까요?"

"보고가 이틀 뒤 아닌가요?"

조 사원의 표정이 더 어두워진다. 김 대리는 아차 싶어 조 사원에게 질문을 던진다.

"지금까지 어떻게 진행했나요?"

"입찰을 준비하는 인원 부족, 해당 분야에 대한 경험 부족, 원가 상승으로 입찰 가격이 높았던 점 등등 일곱 개 정도를 정리했어요. 구체적인 사례도 조사했고요. 그런데 뭔가 정리가 잘 안 된 거 같아요."

김 대리가 조 사원이 작성 중인 보고서를 훑어본다.

"사례까지 자세히 조사했네요. 고생했어요. 그런데 여기서는 실패원인을 최대한 찾는 게 중요할 거 같은데, 입찰 결과를 리뷰한 회의 자료가 있지 않나요? 거기서 논의된 내용도 넣고, 또 인터넷에서 입찰 실패, 입찰 노하우 같은 키워드로 최대한 많은 원인을 찾아봐요."

다음 날, 조 사원은 김 대리에게 보완한 보고서를 내민다. 표정이 눈에 띄게 밝아졌다.

"대리님, 원인을 여덟 개 더 찾았어요. 그런데 여전히 정리가 안 된 것처럼 보이는데, 좋은 방법이 있을까요?"

"음…… 총 열다섯 개네요. 그런데 이 안에서도 비슷한 항목이 있죠? 예를 들어 우리 회사 원가가 높다는 문제는 경쟁 회사가 저가 공세를 펼친다는 문제와 묶을 수 있겠죠. 이건 가격 경쟁력의 문제네요. 또 입찰 대상의 사업 특성, 의사 결정 구조를 몰랐던 문제는 입찰 대상자 분석 부족의 문제고요. 경쟁력 부족, 입찰 대상자 분석 부족, 내부 준비 상태 부족 등 큰 제목으로 조 사원의 조사한 내용을 분류해봐요. 내용이 한눈에 들어올 거예요."

"새로운 아이디어를 추가한 것도 아닌데 정리가 말끔하게 됐어요. 신기하네요!"

흩어진 단서를 모아 분류하는 힘

로직 트리는 다양한 항목들을 연관 카테고리로 묶어 분류하기에 좋은 프레임이다. 특별히 대단해 보이지 않지만 이 프레임이 우리에게 주는 도움은 무시할 수 없다. 회사 매출이 부진할 때, 퇴사율이 증가할 때, 프로그램 만족도가 낮을 때 등, 원인을 찾고자 하면 수십 개가 나오는 문제들이 있다. 난감하기 짝이 없다. 이때 불규칙하게 흩어진 단서들을 한곳에 모아 보기 좋게 분류할 수 있다면 어떨까? 핵심을 더욱 쉽게 찾아내고 우리가 가진 에너지도 효율적으로 쓸 수 있지 않을까?

산재한 단서들을 모아보는 것은 우리 일상에서도 빛을 발한다. 각자 하고 싶은 말이 많은 사람들이 모인 곳에서는 논의가 길어질수록 더 혼란스러워지기만 한다. 이때 누군가가 지금까지 나온 이야기들을 정리하며 연관성 있는 내용을 묶어준다면 참여자들의 머릿속도 명쾌해지고 이후 회의의 생산성도 높아질 것이다.

업무, 대화, 사업 방향이 혼돈에 빠져 생산성이 떨어지는 어느 시점에 로직 트리의 칼을 뽑아보자. 주변의 산만한 내용을 정리하고 다시 앞으로 나아가자. 이 일을 먼저 주도하는 것, 한 집단의 리더가 반드시 기억해야 할 책임이다.

로직 트리의 강력한 경쟁력

과학계에서 사용하는 대표적 연구 방법인 '귀납법'을 다들 한번쯤은 들어봤을 것이다. 이 방법은 충분한 수의 관찰을 통해 보편적인 결론을 추론하는 연구법이다. 결론을 반박할 수 있는 관찰이 일어날 가능성이 제로는 아니지만, 충분한 관찰 근거를 통해 과학계가 인정하는 학설이 되는 것이다.

로직 트리도 이와 비슷하다. 로직 트리를 통해 내용을 정리하기 전에 충분한 아이디어가 먼저 도출돼야 한다. 한 사람이 혼자 한두 시간 고민한 것으로는 논의가 제대로 이뤄졌다고 보기 어렵다. 한 사람이 아니라 팀 전체가, 한 번이 아니라 여러 차례에 걸쳐 논의해 새로 발굴한 아이디어를 로직 트리를 통해 정리했을 때 의미가 있다.

아이디어가 부족하다면 '문제가 발생하는 원인을 다섯 번 이상 되물어라(5 Why)' '나 자신뿐만 아니라 이해관계자의 입장에서 생각해보라' '머릿속으로 업무의 진행을 다 그려보라'와 같은 다양한 조언을 떠올려보자. 철학자나 경영의 대가처럼 생각할 수는 없더라도 우리 일상에서 경험한 일을 반성하고 교훈을 축적하는 습관이 있다면 우리의 사고력은 한층 깊어질 것이다.

이런 사고의 힘으로 건져낸 생각의 조각을 로직 트리로 정리하는 사람이 있다면, 그와 경쟁자가 되지 않기를 바라야 한다. 오히려 당신이 먼저 바로 그런 사람이 되길 바란다.

로직 트리를 적용하려면 문제의 원인과 해결책 등 다양한 아이디어가 먼저 충분히 있어야 한다. 이를 위해서는 브레인스토밍부터 시작해 광범위한 자료 조사 과정이 필요할 것이다. 이 모든 과정을 마친 조사원의 아이디어를 바탕으로 로직 트리를 만들어보자. 비슷한 속성의 아이디어를 그룹화하고, 그룹을 묶을 수 있는 속성을 정해 제목을 붙인다.

입찰 실패 원인	그룹화 및 속성 부여
✓ 인건비, 자재비 등 자사 원가가 높다. ✓ 경쟁사가 저가 정책을 펴고 있다. ✓ 회사 최소 이윤율의 기준이 높다. ✓ 코로나 대처로 인한 부가 비용이 발생했다. ✓ 관련 세금이 증가했다.	가격 경쟁력 부족
✓ 해당 기업의 사업을 잘 이해하지 못했다. ✓ 의사 결정 구조 역시 모른다. ✓ 이전 입찰의 결정 요인을 파악하지 않았다. ✓ 특별 요구를 반영하지 못했다.	입찰 대상자 분석 부족
✓ 발표 자료에 부정확한 표현이 있었다. ✓ 사전 발표 연습이 충분하지 않았다. ✓ 예상 질문에 대한 준비가 부족했다. ✓ 입찰 준비 경험이 있는 인력이 부족하다. ✓ 입찰 성공과 실패의 노하우가 전수되지 않는다. ✓ 중간에 담당자가 바뀌면서 업무에 차질이 있었다.	내부 준비 부족

표를 완성했다고 해서 끝이 아니다. 문제의 그룹 단위에서, 또는 문제의 개별 단위에서 사업에 큰 영향을 주는 것을 선정해야 한다. 그중 쉽고 빠르게 해결할 수 있는 일부터 시작하면 된다. 어려운 일이 아니다. 조 사원도 우리도 오늘보다 내일 더 성장할 수 있다.

강점도 약점도 변할 수 있다

지피지기의 전략, SWOT

"조 사원님, 이 자료에 우리 회사 SWOT 분석이 완전히 잘못된 것 같은데요. 어떻게 한 건가요?"

"아, 윤 부장님. 그 SWOT 분석표는 지난 신입사원 교육 사업 입찰 건에 사용된 자료입니다. 윤 부장님이 직접 만든 자료인데요."

"조 사원님! 지금 우리는 경력직 채용 사업 입찰에 응모하려는 건데 교육 사업 입찰 자료를 쓰면 됩니까?"

이번 업무가 쉽지 않았는지 끙끙대는 조 사원에게 기존 자료를 공유해준 김대리는 뜨끔하다. 참고하라고 준 것인데 그걸 그대로 복사해 사용할 줄은 몰랐다. 윤 부장의 단호한 목소리가 이어진다.

"조 사원님이 생각하기에 몽골군의 강점이 뭐죠?"

"기동력……입니다."

"그렇게만 말하면 틀립니다. 몽골군이 강화도를 공격할 때도 기동력이 발휘됐나요? 전장이 달라지면 강점과 약점이 바뀐다는 걸 알아야죠."

나는 누구와, 어디서 싸우는가

SWOT 분석 틀을 사용할 때 쉽게 빠지는 함정이 있다. 자기 자신의 강점과 약점을 분석하는 데 집중하다 보면 내가 누구와 싸우는지, 내가 어디서 싸우는지를 잊어버리기 쉽다는 것이다.

결론부터 말하자면 나의 강점과 약점은 항상 변하는 것이다. 이는 내가 경쟁하는 대상과의 비교를 통해 '상대적으로' 정해진다. 넓은 초원에서 최고의 기동력을 발휘한 몽골군도 강화도 앞바다의 거센 물결 앞에서는 고려 해군의 기동력에 압도당했다. 즉 나의 강점과 약점을 분석하기 전에 경쟁자를 먼저 확인하고 분석하는 게 SWOT 분석의 중요한 전제 조건이다.

환경에 따른 기회와 위협을 분석하는 것 또한 중요하다. 사실 경쟁자끼리의 강점과 약점은 크게 차이 나지 않는다. 그리고 대부분 강점과 약점은 짧은 시간 안에 강화하거나 보완하기도 어렵다. 이때 환경의 변화를 절묘하게 이용하면 승부를 극적으로 전환할 수 있다. 제갈공명을 도와준 동남풍, 이순신 장군이 이용한 명량 해협의 거센 물결은 전세를 극적으로 뒤바꾼 대표적 환경이다.

모바일 인터넷 환경과 코로나 팬데믹의 비대면 환경을 이용해 급부상한 인터넷 기업의 사례를 떠올려보자. 비즈니스 세계에서 환경 변화가 만들어낸 극적인 차이를 알 수 있다.

책사처럼 생각하고 일하라

현장에서는 SWOT 분석 틀이 사실 많이 눈에 띄지 않는다. 기업의 당해 경영 계획 자료, 증권사의 기업 분석 자료, 혹은 조 사원이 준비한 경쟁 입찰 자료처럼 기업 전체를 대표하는 중요한 보고서에 종종 사용하는 정도다. 또 담당자 입장에서 보면 그가 작성한 SWOT 보고서는 최고경영자에게 전달되기까지 수많은 사람의 검토를 거치기 때문에, 담당자는 자신이 보고서를 책임지고 써야 한다고 생각하지 않을 수도 있다.

그러나 이 말을 뒤집어보면 우리가 하는 수많은 고민과 분석의 최종 결과물이 SWOT 분석의 모양으로 최고경영자와 외부에 전달된다는 말이다. 최종 결과물의 내용과 방향을 생각하며 일하는 사람과 그렇지 않은 사람은 각종 정보를 대하는 태도가 다를 수밖에 없다.

한때 직장인들 사이에서 '책사처럼 생각하고 일하라'는 말이 유행했다. 책사는 중국 춘추전국시대에 군주를 위해 정책과 전략을 제시하던 지식인을 말한다. 군주도 이 책사를 얻기 위해 삼고초려하며 공손히 행동했다. 이 책사들이 전략을 짜던 방식과 가장 유사한 현대의 비즈니스 기법은 무엇일까? 단연 SWOT 분석이라고 확신한다. SWOT 분석으로 나와 적을 이해하고 환경의 변화를 읽어낼 수 있다면 당신은 충분히 현대의 책사가 될 것이다.

SWOT 분석의 각 항목을 살펴보자. 먼저 강점 Strength과 약점 Weakness은 언제 어디서나 동일하게 나타나는 절대적인 것이 아니다. 어디까지나 경쟁 상대와 비교해 드러나는 상대적 개념이다. 기회 Opportunity와 위협 Threat은 내 강점과 약점을 더 강력하게 혹은 더 약하게 만들 수 있는 중요한 외부 환경 지표다. 즉 SWOT 분석의 출발은 '내가 누구와, 어디에서 싸우고 있나?'를 확실히 파악하는 것이다. 당신이 이커머스 스타트업의 창업자라 생각하고 SWOT을 이용해 기존의 오프라인 유통 기업과 경쟁할 전략을 세워보자.

1. 누구와 어디에서 싸우고 있는지 분석한다.

당신은 이미 포화된 유통 시장에서 기존 유통 대기업과 경쟁 중이다. 대신 당신은 모바일 쇼핑에 익숙한 20~30대 직장인을 주요 타깃으로 설정해 성장 기회를 엿보고 있다.

2. 당신 기업과 외부 환경의 강점, 약점, 기회, 위협을 분석한다.

Strength	Weakness
✔ 인터넷, 모바일 개발 역량 보유 ✔ 젊은 조직 문화와 산업 변화에 대한 빠른 적응력 ✔ 다양한 상품 종류와 가격 경쟁력	✔ 고객 인지도가 부족 ✔ 상품에 대한 신뢰성 부족 ✔ 동원 가능한 인력과 자금력의 열세
Opportunity	Threat
✔ 비대면 경제의 급성장 ✔ 파트 타임과 아르바이트 등 단기 노동자 증가	✔ 배달 노동자 근무 시간 단축과 인건비 상승 ✔ 이커머스 기업 간 경쟁 심화

3. 장점을 극대화하고 단점을 보완하는 전략을 수립한다.

	Strength	Weakness
Opportunity	**S-O (기회 선점)** ✔ 온라인, 모바일 쇼핑 경험 극대화 ✔ 빠른 배송과 반품	**W-O (국면 전환)** ✔ 언론 홍보 확대 ✔ 교환, 환불을 보증한 품질보증제 도입
Threat	**S-T (위기 대비)** ✔ 이커머스 사업 중에서도 특정 분야에 특화 ✔ 적극적인 신규 서비스 도입	**W-T (위기 탈출)** ✔ 적극적인 투자금 유치와 시설 투자 ✔ 배송 효율화 추진

리더는 조직의 성장과 생존을 위해 무엇을 하고 무엇을 하지 말아야 할지 결정해야 한다. 이때 당신을 도와줄 생각의 도구가 바로 SWOT 분석이다.

흐름을 알면 막힌 곳이 보인다

문제를 한눈에 보는 Value Chain

"조 사원 덕분에 경쟁 입찰 발표를 잘 마쳤어요. 고맙습니다."

"다행이에요, 부장님. 그런데 전 아직 갈 길이 먼 것 같아요. 어떻게 하면 실력이 좀 더 나아질까요?"

"혹시 도움이 될 수 있으니 이번에 입찰 서류를 만든 과정을 같이 살펴볼까요? 진행 과정을 모두 기억하나요?"

몇 시간 후, 조 사원은 윤 부장과 회의실에서 마주 앉는다.

"입찰 서류 작성 지시를 받고 과거 입찰 서류와 해당 기업 기초 자료를 조사했습니다. 그다음에는 부장님, 대리님과 저희 입찰 조건을 정하려고 여러 번 회의했고요. 마지막으로 서류 양식대로 문서를 작성해 김 대리님과 검토하고 부장님께 최종 보고했습니다."

윤 부장이 고개를 끄덕이며 조 사원의 말을 주의 깊게 듣는다.

"전체 절차는 잘 알고 있네요. 질문을 몇 개 할게요. 먼저 서류 작성 지시를 잘 받으려면 어떻게 해야 할까요?"

"네?"

상사의 지시야 그냥 잘 들으면 되는 것 아닌가? 생각지 못한 질문에 조 사원은 당황한다.

"두 번째로, 조 사원님은 입찰 조건을 완성한 다음 서류 작업을 시작했는데, 그 서류 작업을 미리 시작할 수는 없었나요? 그렇게 했으면 이후 작업에 더 여유가 생겼을 텐데요."

윤 부장은 업무 지시를 잘 정리하기 위한 메모 노하우와 미리 작성하면 좋은 기초적인 문서 양식을 알려준다. 이렇게 틀이 미리 준비되면 서류를 틈틈이 작성할 수 있다고 말한다. 각 단계에 따른 윤 부장의 촘촘한 설명에 조 사원 눈에도 전체적인 업무가 다시 보인다.

문제가 반복되는 구간이 보인다

현재 업무의 효율을 높이고 싶은가? 그렇다면 일단 일의 전체 흐름을 볼 수 있는 그림이 필요하다. 이를 효과적으로 보여주는 게 밸류 체인Value Chain 이다.

밸류 체인의 가로 방향에는 업무가 진행되는 단계별 흐름이, 세로 방향에는 각 업무 단계에서 반드시 챙겨야 할 세부 항목 등이 들어간다. 본인 업무를 밸류 체인으로 그렸을 때 얼마나 길게(전후 연관 부서 업무를 포함해), 그리고 얼마나 깊게(작은 세부 과제를 포함해) 그릴 수 있는지를 보면 자신이 업무를 얼마나 잘 이해하고 있는지 알 수 있다.

밸류 체인은 여러 사람이 그릴 수도 있다. 업무 지시를 받은 담당자가 해당 지시부터 보고까지의 과정을 쓰면, 지시를 내린 관리자는 그 앞 단계에 업무 목표 설정과 가용 자원 분석을, 마무리 단계에서는 관련 부서 협의 단계를 쓸 수 있다. 물론 업무를 보는 시야가 커질수록 본인이 그릴 수 있는 밸류 체인이 넓어지고 깊어질 것이다.

한 업무를 한눈에 살펴보면 문제가 반복되는 구간, 효율을 떨어뜨리는 구간이 보인다. 이는 자연스럽게 업무 개선으로 연결된다. 만약 조 사원이 밸류 체인을 그릴 수 있었다면 윤 부장과 만났을 때 이렇게 이야기했을지도 모른다.

"다음 업무를 지시받을 때는 해당 업무의 목적과 최종 산출 자료가 언제까지, 어떤 형식이 돼야 할지도 확인하면 좋을 거 같습니다. 이런 내용을 포함해 작업 지시서 양식을 만들어두면 더 유용하겠네요."

윤 부장은 조 사원이 어떤 모습으로 성장할지 더 기대되지 않을까?

일은 한 방향으로만 흐르지 않는다

밸류 체인을 잘만 활용하면 금방이라도 프로 직장인이 될 것 같다. 그런데 막상 현장에서는 이를 그대로 적용하기가 쉽지 않다. 왜일까?

우선 현장에서 우리 일은 밸류 체인처럼 한 방향으로 매끄럽게 진행되지 않는다. 분명 어제 해결한 업무였는데 상사의 지시로 처음부터 다시 해야 하거나, 업무 일정이 변경돼 중간 몇 단계를 생략하고 진행해야 하는 상황, 심지어 업무 중간에 목표가 바뀌는 일도 일어난다.

게다가 현장에서는 한 가지 업무만 진행되는 게 아니다. 밸류 체인에 그려진 업무는 보기 좋은 하나의 선이지만 실제 현장은 수많은 선이 얽히고설킨 혼돈의 상태다. 깨끗하고 선명한 선으로 진행되는 환경을 기대한다면, 그 기대는 일찍이 포기하는 게 좋다.

그러나 반대로 생각하면, 현장이 혼란스럽기 때문에 밸류 체인이 더욱 중요하다. 특히 회사는 나 혼자 일하는 곳이 아니라 다른 사람과 함께 일하는 곳이다. 이 과정에서 길을 잃지 않기 위해서라도 업무는 진행 방향과 방법이 명확하게 정의돼야 한다.

밸류 체인으로 당신의 업무는 물론 당신 조직의 업무를 모두가 확인할 수 있는 깔끔한 그림으로 만들자. 혼란스럽던 업무 현장에 질서가 생기기 시작할 것이다.

윤 부장과 조 사원의 대화를 통해 조 사원의 업무를 밸류 체인으로 재구성하자. 그리고 조 사원의 업무가 어떻게 개선될 수 있을지 생각해보자.

1. 업무 진행 과정을 적는다.

2. 각 단계 과제를 잘 수행하기 위한 핵심 포인트, 또는 개선하면 좋을 사항 등을 적는다. 예를 들면 다음과 같다.

✓ 효과적으로 업무를 지시받기 위해 규격화된 업무 지시 및 수령 양식이 필요하다.

✓ 기초 자료 조사는 기존 보고서 검토와 팀의 지식 공유 폴더 조사에서 시작한다.

✓ 기초 자료 조사 단계에서 기존 보고서를 참조해 최종 보고서 양식을 미리 준비한다.

✓ 최종 검토시 모의 발표를 통해 내용 전달의 정확도를 높인다.

3.업무에 적용할 밸류 체인을 완성한다.

업무 지시 수령	기초 자료 조사	전략 수립 회의
✓ 표준화된 업무 지시 양식 이용 ✓ 업무의 목적, 최종 산출물의 형태와 기한 확인 ✓ 지시자의 특별 요구 사항 여부 확인	✓ 기존 보고서를 작성자와 함께 검토 ✓ 최종 산출물 형태 확정 ✓ 기한 내 업무 가능 여부 확인	✓ 하루 전 회의 일정 공유 ✓ 회의한 내용 네 시간 이내 공유 ✓ 최종 산출물에 들어 갈 내용 확정

최종 보고	작성 내용 검토	내용 문서화
✓ 하루 전 보고 일정 공지 ✓ 최종 보고에서 나온 피드백을 반영할 일정 확보	✓ 실제 발표 상황을 시뮬레이션해 내용 검토 ✓ 주요 수치와 숫자는 담당자들과 재확인	✓ 작성 공통 양식과 기한을 각 담당자에게 공지 ✓ 취합 내용을 전체 프로젝트 담당자가 검토 ✓ 24시간 이내에 피드백 반영해 내용 보완

이렇게 작성된 밸류 체인은 당신의 업무를 한눈에 보여준다. 업무가 한눈에 보이면 무엇이 문제인지, 무엇을 개선해야 할지 알 수 있다.

최종 보고 후에도 피드백을 반영할 일정이 필요하다는 것을 꼭 강조하고 싶다. 최종 보고로 끝난 줄 알았던 업무에 수정 요청이 생길 때만큼 힘 빠지는 일이 없다. 피드백은 항상 있다. 미리 염두에 두자. 그래야 지치지 않는다.

만드는 것만큼 지우는 것도 중요하다

선택과 집중, ERRC

우리는 24시간을 일해도 지치지 않는 기계가 아니다. 맡은 모든 일에 열정과 시간을 쏟을 수 없다. 만약 그렇게 한다면 결론은 하나다. 번아웃이다.

제한된 시간과 에너지를 효율적으로 사용하기 위한 전략은 '선택과 집중'이다. 모든 업무에 같은 가치를 두는 것이 아니라, 부가 가치가 높은 일을 선별하고 그 일에 더 많은 시간과 노력을 투자하는 것이다. 반면 그렇지 않은 일은 우선순위를 미루고 서서히 줄여야 한다.

이 분류를 체계화한 것이 ERRC 접근법이다. 업무 중에서도 없애야 할 일Eliminate, 줄여야 할 일Reduce, 더 늘려야 할 일Raise, 새로 도입할 일Create의 카테고리를 구분하는 법이다.

회사 전체 차원의 혁신 프로그램이든 개인 차원의 업무 관리 습관이든, 사실 원리는 다르지 않다. "우리가 하는 모든 일이 내게 도움이 되지는 않는다. 심지어 방해되는 일도 있다. 방해되는 일은 없애고, 도움

될 일에 집중하자." 어떻게 보면 정말 쉽고 기본적인 원리다.

중요한 일을 더하고 기발한 일을 새로 도입하자는 제안은 분명 좋은 제안이지만 동시에 부담스러운 제안이다. 추가될 업무가 지금 업무를 더 과중하게 만들 게 분명하기 때문이다. 선뜻 자원할 마음도, 이를 위한 아이디어도 잘 떠오르지 않는다. 그런데 만약 중요치 않고 필요 없는 일은 없애고 줄이자는 제안을 더한다면? 새로운 일에 대한 기대와 추진력이 생길 것이다.

작지만 확실한 성공의 경험

회사에서 기존 일을 그대로 유지하려는 관성은 생각보다 강하다. 특히 관련 부서와 담당자가 있는 업무라면 이를 없애는 것은 쉬운 일이 아니다. 기존 업무 중 일부를 포기하라는 말은 그 업무가 줄 수 있는 실적을 포기하라는 말과 같기 때문이다. 내가 제거하고자 하는 업무를 다른 동료, 다른 부서는 인정하지 않을 수도 있다. 이렇게 되면 새로운 과제가 생기면서, 과거의 짐도 그대로 남은 상황이 돼버린다. ERRC 회의를 진행하면 할수록 업무가 과중되는 것 같다.

ERRC의 '선택과 집중' 원칙은 경쟁력을 갖추려는 기업이나 본인 업무를 명확히 하고 잘 해내려는 직장인이 반드시 실천해야 할 부분이다. 그렇지만 만약 모두의 합의가 쉽게 이뤄지지 않는다면, 작지만 확실한, 눈에 보이는 성공의 경험을 먼저 쌓는 방법을 추천하고 싶다. 제거해야 할 일의 목록에 관계자 동의가 반드시 필요한 어떤 업무를 넣는 대신 '아무도 안 쓰는 집기 처분하기' '점심 장소 정하는 당번 없애기' 등, 보다 쉬운 일을 먼저 실천하는 것이다. 제거하기로 공감대가 형성된 업무는 바로 제거하고, 당장 없앨 수 없다면 대안을 마련하는 것까지, 최대한 줄일 수 있는 일은 줄이도록 접근해야 한다.

성장기에는 성장을 북돋을 일을 찾아내는 능력이 중요하다. 하지만 성장기를 넘어 새로운 방향을 탐색해야 할 때가 찾아왔을 때는 불필요한 일을 찾고 과감하게 제거하는 결단도 필요하다.

사무실에서 우리가 집중해야 할 일을 놓치지 않도록 해보자. 주의를 흩트리는 일을 제거하고, 집중에 도움이 될 방법을 찾자.

1. 맑은 정신을 위해 없애야 할 일 Eliminate , 줄여야 할 일 Reduce , 더 신경 써야 할 일 Raise , 새로 시작해야 할 일 Create 을 적는다.

없애야 할 일	더 신경 써야 할 일
✔ 책상 주변에 쌓인 서류 ✔ 컴퓨터 바탕화면의 어지러운 자료 ✔ 선배들의 점심 장소 정하기 당번	✔ 담당 업무 흐름 파악(밸류 체인 이용) ✔ 업무 수행 후 피드백 반영 ✔ 팀 내 서류 및 자료 위치 파악 ✔ 사내, 거래처 담당자별 업무 파악
줄여야 할 일	**새로 시작해야 할 일**
✔ 불필요한 전화 응대 ✔ 업무 지시 오해로 인한 재작업 ✔ 평일 저녁 무리한 활동 　(늦게까지 게임하는 것)	✔ 15분 일찍 출근해 업무 우선순위 정리 ✔ 최종 보고에서 나온 피드백을 반영할 　일정 확보

2. 실천하기 쉬운 항목들로 우선순위를 작성한다.

✔ 책상 주변 서류와 컴퓨터 바탕화면 정리, 팀 내 서류와 자료 위치 파악, 일찍 와서 업무 우선순위 정하기 등은 생각 정리에 도움이 되고 당장 시작할 수 있는 일이다.

✔ 담당 업무 흐름 파악, 메모와 정리 기술 학습, 업무 지시 내용 오해로 인한 재작업 방지 등은 장기적으로 바라보고 키워야 할 능력이다.

✔ 평일 저녁 활동을 절제하는 것이나 정기적인 명상 등은 효과를 장담할 수 없지만, 긍정적으로 생각하고 실천해보고 싶은 것들이다.

조직 경쟁력 강화와 조직 문화 개선, 개인의 업무 습관 개선 등, 그게 무엇이든 ERRC 접근법은 동일하다. 냉철한 시선으로 우리가 그만둬야 할 일을 찾고, 새롭게 도전해야 할 일을 생각하자. 그리고 단호한 자세로 시작하자.

현재 어디에 있는지 항상 알아야 한다

시나리오를 만드는 WBS

"이번 온라인 교육 시스템 구축 프로젝트를 잘 진행해봅시다. 향후 추진 계획 초안을 조 사원이 그려주겠어요?"

"네, 제가 해보겠습니다."

윤 부장이 쉽지 않은 과제를 냈지만, 조 사원은 자신 있게 고개를 끄덕인다.

"간단하게 몇 가지만 살펴볼까요? 프로젝트에 포함될 큰 업무 단위에는 무엇이 있죠?"

"의뢰사와 계약, 교육 콘텐츠 개발, 온라인 시스템 개발, 향후 유지보수 계획 등이 있습니다."

"교육 콘텐츠 개발 업무는 세부적으로 어떻게 나뉘죠?"

"의뢰사의 기존 콘텐츠 검토, 임직원의 교육 니즈 분석, 교육 커리큘럼 개발, 커리큘럼별 콘텐츠 개발 등이 포함됩니다."

"이제 척척 잘하네요. 계약 이전에 우리가 투입할 수 있는 인력과 자원을 파악하고, 콘텐츠 개발 관련 법규를 스터디할 단계도 넣어주세요. 그리고 각 단계별로 우리 회사 대표님 보고와 의뢰사 임원진 보고도 포함해주고요."

"네, 알겠습니다."

대답하는 조 사원의 목소리가 어쩐지 즐겁게 들린다.

각 업무를 유기적으로 이어주는 것

수백억 원의 투자비가 들어가고 수천 명의 작업자가 함께 일하는 영화 제작 과정을 생각해보자. 모든 일의 시작은 시나리오 작가의 책상 앞이겠지만, 이런 큰 프로젝트에는 설계도가 반드시 필요하다. WBS Work Breakdown Structure 가 대표적이다. WBS는 말 그대로 대형 프로젝트를 수많은 하부 공정으로 분석한 표다. 하나의 프로젝트는 몇 개의 업무로, 그 업무들 역시 더 세부적인 업무로 나눈다. 이렇게 하나의 큰 프로젝트를 수십, 수백 개의 세부 공정으로 분석한다.

WBS를 한번 그리고 나면 프로젝트 진행률이 한눈에 보인다. 진행이 막히는 부분, 미리 준비해야 하는 부분, 인력과 자원을 더 투입해야 하는 부분을 빠르게 파악할 수 있다. 높은 산을 오르거나 먼 길을 가본 사람은 알 것이다. 내가 지금 어디에 있고 앞으로 얼마만큼 더 가야 하는지 파악하는 일이 얼마나 중요한지 말이다. 업무도 마찬가지다. 도중에 쓰러지지 않고 가진 역량과 자원으로 업무의 끝까지 도달하기 위해서는 우리가 현재 어디에 있는지 항상 알아야 한다.

WBS는 수많은 단위 업무와 세부 공정을 유기적으로 이어주기도 한다. 각각의 업무가 어떤 관계를 맺고 있는지 파악하는 일은 매우 중요하다. 그 관계를 제대로 알지 못하면 각자 열심히 한 일이 모두 모였을 때 아무도 바라지 않았던 기형적인 결과가 나온다. 순서가 바뀌어서 며칠씩 고생하며 마친 일을 다시 해야 할 때도 있다.

영화 촬영을 시작하기 전 연출, 촬영, 조명 감독과 제작자의 검토가 모두 필요하듯 현장의 WBS 표 역시 한 사람에 의해 완성될 수 없다. 관계자들의 검토와 조정을 통해 모두가 공유할 수 있는 일정을 도출해야 한다.

대형 프로젝트일수록 성급하게 시작해선 안 된다. 충분한 논의와 조율이 필요하다. 큰 배일수록 한번 속도를 올리면 방향을 돌리기가 쉽지 않듯 말이다.

내가 하는 일이 왜 필요한가

완성된 WBS 표를 들여다보면 보는 것만으로도 어지럽다. 계획표가 이렇게 복잡한데, 실제 업무 현장은 얼마나 혼란스러울까? 프로젝트 총책임자가 따로 있으니 담당자인 나는 책임자가 지시하는 일만 성실하게 수행하는 게 최선이지 싶다.

하지만 사람은 단순히 일만 하는 기계가 아니다. 내가 하는 일이 왜 필요하고, 어디에 쓰임이 있는지를 알아야 더 힘이 난다. 쓰임을 모르는 상태에서 지시만 내려오면 심리적 반발심이 앞서게 마련이다.

전체적 흐름을 알고 다음에 어떤 지시가 있을지 이미 숙지한 담당자는 업무를 선제적으로 준비하고 효율적으로 대처한다. 본인의 일정 관리가 가능하고 업무에 쫓기지도 않는다. 만약 당신이 지금 업무에 여유가 없다고 느낀다면, 혹시 다가올 일을 예상치 못하고 눈앞의 일만 따라가고 있는 게 아닌지 생각해봐야 한다.

프로젝트를 책임지고 진행하는 입장이라면 업무의 모든 시나리오가 머리에 있어야 한다. 그게 바로 진짜 실력이다. 수십, 수백 개의 공정은 동일한 난이도와 시간을 요구하지 않는다. 어렵고 긴 시간이 걸리는 공정은 미리 착수하는 것이 현명하고, 업무의 난이도에 따라 담당자도 달리 돼야 한다. 그렇지 않으면 팀 전체에 갈등이 생기고 프로젝트라는 괴물이 당신과 동료들을 삼킬 것이다.

우리 계획은 항상 변경되고 파기된다. 업무 현장에서 분투한 적 있는 사람이라면 경험해봤을 것이다. 비즈니스 속성 자체가 그렇다. 비즈니스는 항상 변한다.

항상 변하는 파도 위에서 지금 당신이 어디에 있는지 이해하지 못한다면 당신의 운명은 하나다. 비즈니스라는 망망대해에서 길을 잃고 조난될 수밖에 없다. 당신과 팀을 위해 정신을 바짝 차리고 현장을 바라봐야 한다.

알렉산더는 세계 정복을 꿈꿨다. 이를 위해 병사들은 대제국 페르시아와 크고 작은 전투를 계속 치러야 했다. 병사들의 하루하루는 어땠을까? 세계 정복은 당장 눈에 보이지 않는 일이지만 먹고, 잠자고, 무기를 준비하고, 훈련하는 일을 날마다 계속했을 것이다. 이것이 WBS의 철학이다.

앞서 조 사원에게 떨어진 큰 과제를 기억하는가? 우리도 그 과제를 같이 수행해보자. 각각의 업무를 수많은 작은 조각으로 만들어보자. 먼저 교육 콘텐츠 개발 업무 중 의뢰사의 기존 콘텐츠 검토 업무를 세부 과제로 나눠보자. 그럼 아래와 같은 표를 만들 수 있다.

조 사원의 온라인 교육 시스템 개발을 위한 WBS (일부)

WBS-ID	Level 1	Level 2	Level 3	Level 4	일정	상태
2.				교육 콘텐츠 개발	2/1~3/31	진행 중
2.2.				의뢰사의 기존 교육 콘텐츠 검토	2/7~2/28	진행 중
2.2.1				의뢰사 임직원 VOC 분석	2/7~2/17	진행 중
2.2.1.1.				의뢰사 커리큘럼 입수	2/7	완료
2.2.1.2.				의뢰사 임직원 포커스 인터뷰	2/8	완료
2.2.1.3				임직원 만족도 질문 선정	2/9	완료
2.2.1.4				만족도 조사 수행	2/10~2/14	진행 중
2.2.1.5				만족도 조사 결과 분석	2/14~2/17	예정

더 정교한 표를 만들고 싶다면 각 업무가 전체 업무에서 차지하는 시간과 노력의 비중을 사전에 따져보고, 이를 통해 전체 프로젝트 진행률을 계산할 수도 있다.

　이 모든 일을 한 사람이 하기에는 크고 복잡해 보일 수 있다. 하지만 벌써 걱정할 필요는 없다. 이 틀을 머리에 넣고 업무를 챙길 수 있는 실력자가 될 날을 기대하며 오늘 할 수 있는 작은 일부터 성실히 해나가는 게 중요하다.

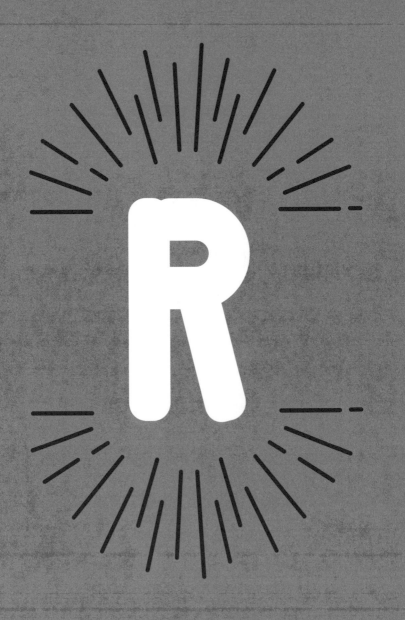

4부

Realize,
당신이 보고를
못하는 데는
사소한 이유가 있다

문제는 현장에서 발생한다

요즘 운전면허증은 없으면 안 되는 필수 자격증으로 꼽힌다. 자동차 학원에서 기초 주행 기술을 배우고, 정해진 코스 시험을 치르고, 실제 도로에서 강사에게 운전 교육을 받아 주행 시험을 통과하면, 면허증이 발급된다. 많은 사람이 어렵지 않게 면허를 취득한다.

그런데 진짜 문제는 그다음에 발생한다. 학원이 아닌, 도로 연수 코스도 아닌, 실제 도로에서 막상 운전을 해보면, 배운 것과 전혀 다른 현실이 펼쳐진다. 특히 차선 변경은 초보 운전자가 유달리 진땀을 빼는 일 중 하나다. 왜 그럴까?

차선 변경에는 예측하기 어려운 변수가 많다. 내가 끼어드는 걸 옆 차선 운전자가 허용해줄지 예측하기가 쉽지 않을뿐더러, 수많은 다른 차량의 움직임까지도 고려해야 한다. 어느 선한 운전자가 양보라도 해주면 좋으련만 도로 위는 거의 정글이다. 눈치 싸움이 치열하다.

예측할 수 없는 변수가 있다는 점, 그게 바로 이론과 실전의 가장 큰 차이다. 분명 업무의 핵심을 파악하고 꼼꼼하게 계획까지 세웠는데, 실제 현장에서는 예상치 못한 변수가 등장해 모든 준비와 노력이 물거품이 될 때가 있다. 현장 상황을 100퍼센트 예측하기란 불가능하다. 예측 불가능하다는 사실만을 100퍼센트 확신할 수 있다. 그렇다면 어차피 예측하지 못할 일이니, 그저 닥치는 대로 할 수밖에 없는 걸까?

이때 운동선수들의 '이미지 트레이닝' 훈련이 힌트가 될 수 있다. 올림픽 같은 중요한 경기에 임하는 선수들은 몇 년간 노력한 성과를 짧은 시간에 집중해 발휘해야 하기에 스트레스가 상당하다. 그들은 긴장을 풀기 위해 실전 상황을 구체적으로 상상하며, 그 순간에 자신을 대입하는 훈련을 수천 번 한다. 이러한 이미지 트레이닝을 통해 실제로 경기장에 들어섰을 때 마치 이미 여러 번 겪어본 것처럼 심리적 안정감을 얻는다.

최고경영자나 상사, 고객 앞에서 중요한 보고를 해야 하는 직장인도 이와 다르지 않다. 어렵고 부담스러운 상황을 앞두고 있을수록, 이를 여러 번 시뮬레이션해야 한다. 상상 속에서 최고경영자는 날카로운 질문을 던지고 고객은 미심쩍은 표정을 짓기도 한다. 중요한 약속이 있으니 1분 안으로 요약해 발표하라는 황당한 요구를 하기도 한다. 어떤 상황까지 상상하고 예측해서 준비하는가가 당신의 실력이다.

이번 장에서는 업무 현장에서 일어날 수 있는 다양한 상황을 살펴보고자 한다. 이러한 '이미지 트레이닝'을 통해 곳곳에 어떤 문제들이 숨어 있는지, 그 문제들을 어떻게 대비하고 적절하게 대응할지 훈련해보길 바란다. 업무의 성공과 실패는 현장에서 결정된다. 상사의 변수 패턴을 알고 그 대비책을 생각해보는 것만으로도 당신의 보고는 성공할 가능성이 커진다. 운전할 때 옆의 차가 급작스럽게 끼어드는 것을 어떻게 할 수는 없지만, 사전에 안전거리만 제대로 유지해도 덜 위협받는 것과 같은 원리다.

"중요한 것은 이게 아니잖아요!"

지난 3일간 김 대리는 해외 파견 교육 인원을 선발할 계획을 세웠다. 내년에는 해외 MBA와 어학연수로 열 명을 파견할 계획이다. 이 안건은 경영진 회의에서 발표해야 하고, 최종적으로는 대표의 결재가 필요한 중요 안건이다.

김 대리는 어제 퇴근 전 윤 부장에게 보고서를 제출했다. 사원들의 희망 교육을 설문 조사한 내용부터 Top MBA와 체결한 특별 프로그램에 대한 자세한 소개까지, 지난 보고서보다 더 특별히 신경을 썼다.

아침에 보고서를 확인한 윤 부장이 점심 전 김 대리를 찾았다. 김 대리는 칭찬받을 기대를 한껏 품고 윤 부장의 방문을 두드린다. 그런데 윤 부장의 표정이 썩 좋지 않다.

"김 대리님, 이 보고서 처음부터 다시 써줘야겠어요."

"네? 작년 보고서보다 내용을 더 보강했는데요. 무슨 문제가 있는 건가요?"

윤 부장이 한숨을 쉰다.

"김 대리님. 올해 경영 기조는 긴축과 위기 경영입니다. 제안한 교육 과정이 훌륭한 건 알겠지만 문제는 비용이에요. 이번 교육에 경비가 얼마나 필요한지, 이게 전체 교육비 중 얼마를 차지하는지, 해외 파견 교육 때문에 다른 교육을 축소해야 하는 건 아닌지, 이런 내용을 중심으로 다시 써주세요."

보고는 누구에게 전달되며, 그는 무엇을 궁금해할까?

한번 완성한 보고서를 다시 써야 하는 것만큼 힘 빠지는 일도 없다. 그러나 다들 한 번쯤은 이런 상황을 경험했을 것이다. 이런 일은 왜 생기는 걸까?

우선, 바깥 상황이 계속해서 변하고 있기 때문이다. 물이 흐르고 물고기가 언제나 같은 자리에서 헤엄치지 않는 것처럼 비즈니스 상황도 끊임없이 변한다. 내 지식과 이해의 테두리 밖으로 빠져 나간다. 김 대리는 작년과 올해라는 시간의 간격을 겪은 셈이지만, 오전과 오후의 시차를 두고 바뀔 수도 있다. 변화의 흐름과 속도를 따라가지 못하고 과거 지식에 안주한다면 중요한 것을 놓칠 수밖에 없다.

내부적으로는 보고를 받는 상대가 어떤 말을 듣고 싶어 하는지도 분명히 알아야 한다. 가령 상사가 어떤 계획을 검토해달라 요청했을 때, 이는 실행할 수 있는 구체적인 방안을 원한다는 말이다. 그런데 그 계획이 왜 중요한지 이유만 잔뜩 적어왔다면 상사가 뭐라고 말할까? "중요한 것은 이게 아니라……" 하고 말하지 않을까?

중요한 것을 놓치지 않기 위하여

'중요한 것'을 놓치지 않으려면 우리는 보고서나 비즈니스 대화에서 어떤 점을 조심해야 할까. 여기서 유용한 개념이 바로 '고충점Pain Point'이다.

고충점은 상대방이 불편하게 느끼거나 어떤 문제가 있다고 느끼는 지점을 말한다. 쉽게 말해 비즈니스적으로 반드시 해결해야 하는 중요한 문제다. 다만 해결하기 어려운 이유는 이 고충점이 상황에 따라 계속 변하며, 상대방에 따라 내용도 매우 다양하기 때문이다. 당신이 보고서나 대화를 준비하는 중이라면 스스로 아래 질문들을 끊임없이 주고받아야 한다.

✔ 당신의 보고서 혹은 비즈니스 대화에서 명확한 고충점이 드러나는가?
✔ 해당 고충점은 현재의 문제를 반영하고 있는가?
✔ 당신이 말하는 고충점에 상대방도 충분히 동의하는가?
✔ 당신이 말하는 고충점보다 더 큰 고충점은 없는가?

문제 해결력Problem Solving은 프로 직장인의 가장 핵심 조건이다. 많은 사람이 힘들어하는 문제에 대해 해결방안을 제시하고, 강한 추진력으로 결과물을 끌어내는 사람들은 어느 직장에서나 환영받는다.

다만 이 모든 과정에서 가정 중요한 것은 문제 정의Problem Definition라는 것을 잊지 말자. 정의가 제대로 되지 않으면 며칠의 고민과 땀이 헛수고가 된다. 과제가 생겼을 때 다급한 마음에 보고서 제목을 입력하고 그래프를 그리기 전에 잠시만 자기 자신에게 질문해보자. "이게 진짜 문제가 맞는가?" 이 질문 하나가 당신의 노력을 제값에 팔아줄 것이다.

X

"작년 최종 기획안을 보고 작성했습니다. 작년 보고서에서 빠진 내용도 없는데 무엇이 문제라는 건지 이해가 잘 안 됩니다."

O

"부장님, 작년 보고서 기준으로 부서별 파견 희망 인력 규모와 희망 교육 내용을 조사했습니다. 그런데 올해 회사가 전체적으로 긴축 경영과 비용 효율화 기조여서 모든 부서의 교육 요구를 들어줄 수는 없을 것 같습니다. 일단 회사 선정 핵심 사업을 기준으로 우선순위를 정했습니다."

❶ 기존 보고서에서 참조한 항목이 무엇인지 명확이 밝힌다.

❷ 기존 상황과 현재 상황에서 무엇이 바뀌었는지 언급한다.

❸ 정확히 어떤 점을 개선했는지 이야기한다.

"너무 어수선해서
무슨 말인지 모르겠어요"

윤 부장이 한숨을 쉰다. 해외 파견 교육 인원 선발 건을 대표님께 보고하는 자리에서 망신을 톡톡히 당했다. 분명 준비를 다한 내용인데 어째서인지 김 대리가 대답을 잘 못했다.

"대리님, 오늘 보고 내용이 왜 이렇게 어수선했죠? 부서별 파견 인력, 1인당 파견 비용, 향후 회수 계획 등 정작 김 대리님이 준비한 내용은 제대로 보고도 못하고요."

김 대리도 오늘 상황이 당황스럽기는 매한가지다.

"부장님, 죄송합니다…… 준비한 대로 보고드리려 했는데 대표님께서 갑자기 이것저것 생각나는 대로 질문을 던지니 정신이 없었습니다. 해외 파견 건을 보고하는데, 갑자기 신입사원의 전공별 분포를 물어보시질 않나, 부서별 간부와 사원의 인적 비율을 물어보시질 않나…… 대답하다 보니 순서가 뒤섞였습니다."

왜 나의 보고는 중간에 길을 잃는가

왜 많은 직장인이 아는 것, 준비한 것도 제대로 전달하지 못하는 안타까운 상황에 처할까?

보고나 비즈니스 대화에는 다양한 정보가 오고 간다. 그리고 대부분은 내가 계획하고 준비한 대로 대화가 진행되지 않는다. 보고를 듣는 사람이 예상치 못한 질문을 계속 던지기도 하고, 특정 포인트에 과도하게 집착하기도 한다. 마치 당신이 복잡한 시장을 지나갈 때 주변 상인들이 당신의 주의를 끌려는 상황과 비슷하다. 이런 상황에서 길을 잃지 않고 제 시간에 목적지까지 도달하기란 쉽지 않다. 어지러운 현장의 보고와 대화 속에서 길을 잃지 않고 제때 목적지에 도착하려면 무엇이 필요할까?

강력한 전달력과 논리성의 비밀

복잡한 시장에서 길을 찾는 방법을 생각해보자. 당신이 최종 목적지만 기억하지는 않을 것이다. 목적지로 가는 중간 지점에 이정표가 될 만한 것들을 미리 확인할 것이다. 편의점이 있는 사거리, 공중전화, 넓은 광장과 같은 것들을 말이다.

비즈니스 현장에서 보고하고 대화할 때도 동일한 원리를 적용할 수 있다. 당신이 달성하고자 하는 최종적인 목표가 있다면, 그 목표에 이르기까지 몇 개의 단계가 있다. 이 단계들은 당신이 설명하려는 이야기의 '원인'일 수도 있고, '사례'일 수도 있다. 앞장에서 공부한 다양한 프레임이 이 핵심 내용들 사이의 관계를 명확하게 보여주는 유용한 도구다. 물론 핵심 내용은 간결해야 한다. 경영 전문가들은 비즈니스 보고나 대화의 핵심을 서너 개의 문장으로 정리했을 때 강력한 전달력과 논리성을 가진다고 말한다.

중요 논리를 머릿속에 견고하게 기억했다면, 예상치 못한 상황이 발생하거나 질문이 나오더라도 전달하고자 한 내용을 끝까지 전달할 힘이 생긴다. 열심히 준비했거나 혹은 이미 잘 아는 사실을 제대로 전달하지 못해 답답했던 적이 있는가? 앞으로는 전달하고자 하는 내용을 서너 개의 깔끔한 문장으로 정리해보자. 이 문장들이 명확한 이정표가 되어 복잡한 질문에 빠지더라도 가야 할 길을 다시 쉽게 찾을 수 있을 것이다.

글의 구조를 만드는 방법

말과 글의 구조를 잡는 가장 좋은 방법은 제목을 정하는 것이다. 내가 무엇을 쓰고 싶고, 상사의 질문이 어떤 답을 원할지 먼저 한 줄로 정리해보자.

두 번째로 보고받는 상사의 머리에 어떤 추가 질문들이 있을지 생각해보자. 그 질문의 순서를 논리적으로 정리해보자. 예를 들어 '회사 내

직원 연수 개편' 문제가 보고 주제였다면 어떨까. 상사는 내게 어떤 질문들을 던질까? 아마 다음과 같은 질문이 아닐까?

✓ 이번 개편이 왜 필요한가요?(기존에 어떻게 했고, 뭐가 문제였나요?)

✓ 어떻게 개편할 계획인가요?(이와 관련해 참고할 좋은 사례가 있나요?)

✓ 비용은 얼마가 필요하고, 결과적으로 무엇이 좋아질까요?(투자한 만큼 효과가 나올까요?)

각각의 질문에 대해 한 문장의 답을 준비해보자. A4 용지에 작성한다면 가급적 한두 줄 이내로 쓰는 것이 좋다. 이런 방식으로 논리를 구성하면 내가 말할 핵심 내용이 무엇인지, 내 메시지의 주요 이정표가 무엇인지 명확해진다.

"대표님, 해외 파견 교육 기획안입니다.
신사업 개척을 위해 필요한 역량을 파악했습니다."

"신사업 중요하죠. 이번에 신사업 관련 인력 채용은
잘 진행되고 있습니까?"

"아, 네. 채용 공고를 냈는데 저희가 원하는 수준의 인력이 없어서
헤드헌팅 업체에 의뢰하려 합니다. 그래서 저희가 파악한 회사의
필요 역량은……."

"헤드헌팅 업체 비용은 얼마입니까?"

"성공 수수료 20퍼센트입니다.
그래서 저희가 파악한 회사의 필요 역량에 따라……."

"신입사원도 역량별로 채용하지 않습니까?
지난 신입사원은 전공이 어떻게 되죠?"

"경영학 전공이 20퍼센트, 이공계 출신이 40퍼센트, 어학 계열이
20퍼센트, 기타 20퍼센트입니다. 저, 그래서……."

"아. 미안합니다. 급한 거래처 미팅이 있는 걸 깜빡했네요.
이번 보고는 다음에 이야기합시다."

O

"대표님, 이번 해외 파견 교육 선발 결과는 공학 분야 세 명, 경영 회계 분야 두 명, 마케팅 분야 한 명으로 선정했습니다."

"선발 기준이 어떻게 되나요?"

"회사가 선정한 신사업 분야를 중심으로 우선 선발하고, 부서별 5년 후 핵심 분야 인력도 선발할 계획입니다."

"올해 긴축 경영 상황에 무리가 없을까요?"

"선발 리스트에도 우선순위가 있으니 경영 상황을 반영해 순위가 높은 것부터 실시하겠습니다."

● ●

❶ 최종 결과를 먼저 말하면 예상치 못한 질문으로 결론을 전달하지 못할 위험이 없다.

❷ 결론 보고 후 그 배경, 원인, 과정을 설명한다.

❸ 결론을 처음과 마지막에 반복해 말해도 좋다.

● ●

"이것은 왜 빠졌나요?"

윤 부장과 김 대리는 대표에게 보고를 다시 하는 중이다. 지난 실수를 반복하지 않기 위해 철저하게 준비했다. 책임자 김 대리가 파견 교육의 필요성과 비용 문제를 차근차근 설명한다. 해외 시장을 담당할 사원, 대리급 직원의 조기 양성이 시급한 점, 교육 효과가 적은 기존 프로그램들을 정리해 비용 효율을 극대화하겠다는 점도 이야기한다. 대표의 표정이 점차 부드러워진다. 새로 협약 맺은 미국 현지 학교 프로그램이 글로벌 우수 프로그램으로 선정됐다는 이야기를 할 때는 기뻐하며 격려하기도 했다. 바로 승인이 떨어져도 이상하지 않다. 그런데 이때 질문이 하나 날아든다.

"이 프로그램에 대해 재무팀도 찬성했나요?"

순간 김 대리는 아찔하다. 재무팀 의견을 물어야 하는지는 미처 생각하지 못했다. 일 초가 한 시간처럼 느껴지고, 대표님 표정이 일그러지는 것 같다. 그 순간 윤 부장이 나선다.

"네, 대표님. 제가 재무팀 조 부장과 협의했습니다."

아무리 준비해도 피할 수 없는 빈틈

협업이 기본인 회사에서는 때로 전체를 볼 줄 아는 시야Company-Wide Perspective가 필요하다. 사업을 진행할 때 자신이 속한 부서의 관점에만 빠지지 않고 회사 전체의 관점에서 생각해야 한다. 그런데 그것이 말처럼 쉽지 않다. 인사팀 직원은 재무팀이나 영업팀 업무를 모르고, 인사팀 내부에서도 교육 파트에서 일하면 그 외 다른 파트 업무를 알기 어렵다.

그래서 회사에는 상사가 있다. 직장에서 상사는 부하보다 더 많은 부서와 조직을 관장하며 각각의 업무들을 비교적 자세하게 파악한다. 또 재직 기간이 길다 보니 경력이 짧은 직원은 모르는 과거 경험과 지식도 가지고 있다. 정보의 범위 면에서 부하가 상사의 도움을 얻는 것은 당연하다. 부끄러워할 필요가 없다. 생각지도 못한 질문을 던지는 선배도 과거에는 식은땀 흘리는 신입이었을 것이다.

물론 매번 상사에게 도움을 청할 수는 없다. 그렇게 해서도 안 되고, 그렇게 할 수도 없다. 대신 이전에 상사에게 받은 피드백을 잘 기록해 두거나 상사의 입장에서 생각하며 보고의 빈틈을 메우기 위해 노력은 할 수 있다. 노력하는 사람만이 매일 조금씩 더 나아질 수 있다. 다음 내용을 보자. 배울 만한 좋은 사례다.

✔ K씨는 보고 중 상사가 던진 질문을 그때그때 기록한다. 그리고 해당 상사에게 다시 보고할 일이 생기면 과거 상사가 어떤 질문을 했는지 확인한다.

✔ P씨는 중요한 보고를 앞두면 동료나 후배에게 그가 작성한 보고서를 읽어달라 부탁한다. 그리고 스스로 상사의 입장이 되어 어떤 질문이 나올지 생각한다.

✔ W씨는 보고서를 작성할 때마다 소리 내 읽는다. 글이 아니라 소리로 들으면서 이전에 발견하지 못했던 허점을 찾을 수 있다.

업무 경력이 쌓이면 대체로 시야는 자연스럽게 넓어진다. 그런데 위와 같이 의도적으로 노력한다면 그 속도가 훨씬 빨라질 것이다.

전체를 볼 줄 아는 시야가 필요하다

대부분의 사람은 일을 진행할 때 자신의 상사와 부서, 자신의 업무 영역만 생각한다. 그래서 상사가 프로젝트에 대한 주변의 이해관계, 즉 다른 부서도 이에 찬성하는지 물으면 꿀 먹은 벙어리가 되곤 한다.

스테이크 홀더Stake holder 라는 말이 있다. 어떤 프로젝트를 진행할 때 그와 관련된 이해관계자를 말한다. 이들을 만족시켰는지 여부가 프로젝트 성공 여부를 결정짓는다. 상사에게 어떤 사안을 보고하기 전에 '이 업무의 스테이크 홀더는 누구지? 어느 부서와 관련 있을까?'를 묻고 이들을 한 명씩 적어보자. 그리고 해당 부서에서 무엇을 원할지 적어보자. 가능하다면 직간접적으로 그들의 필요를 확인해도 좋다.

한번 적고 확인하는 것만으로도 당신은 빠뜨리는 게 없는 사람이 될 수 있다. 문제를 넓고 촘촘하게 보는 능력자가 될 수 있다.

"말의 앞뒤가 안 맞습니다"

"상반기 전체 퇴사율은 3퍼센트 이내, 사원과 간부 비율도 사원 65퍼센트 이상으로 유지하고 있습니다. 인력 운영은 문제 없습니다."

조 사원의 보고에 윤 부장과 김 대리가 고개를 끄덕인다. 조 사원은 안심하고 교육 현황, 파견 현황 등 회사 인사 업무 전반에 대한 통계를 보고한다. 그리고 이어 신입사원 채용 건이다.

"주요 대학 졸업생을 대상으로 입사 선호도를 조사했는데 올해 우리 회사가 10위권 밖으로 밀려났습니다. 신입사원 확보가 어려워 내년 인력 운영에 문제가 생길 수도 있을 것 같습니다."

윤 부장이 미간을 찌푸리며 바로 지적한다.

"인력 운영에 문제없다고 방금 이야기하지 않았나요?"

현재는 그렇지만 내년은 다르다는 이야기를 한 것인데, 조 사원은 당혹스럽다.

"올해 상반기 기준으로는 그렇습니다. 다만 내년 기준으로는 다를 수도 있다는 말이었습니다.”

“인력 운영 상황이 좋다는 건가요, 나쁘다는 건가요? 말의 앞뒤가 안 맞잖습니까.”

평상시 논리적인 윤 부장이 왜 말꼬리를 잡는 걸까? 조 사원은 자신의 말뜻을 다 알고 있을 윤 부장이 무엇을 지적하려는 건지, 자신이 무엇을 놓쳤는지 다시 생각한다.

기준이 흔들리면 말의 앞뒤가 꼬인다

“그 남자는 애인으로는 최고인데, 남편으로는 최악이야.”

“그 몸은 씨름을 해야지, 높이뛰기는 어렵지.”

동일한 대상을 두고도 상반된 평가가 나올 때가 있다. 서로 다른 기준을 같은 대상에 적용하려 할 때 그렇다. 비즈니스 현장에서도 이런 상황이 자주 발생한다. 하나의 대상에 다양한 기준을 적용해 입체적으로 분석할 일이 자주 있기 때문이다.

문제는 기준이다. 말하는 사람이야 자신이 지금 어떤 기준으로 판단을 내렸는지 당연히 알고 있다. 듣는 사람도 말하는 사람이 어떤 의도로 이야기하는지 대부분 이해한다. 문맥에 따라, 눈치에 따라, 상대가 세운 기준을 추측한다. 그런데 어느 순간 추측에 실패하는 상황이 발생한다. 말하는 사람이 여러 개의 기준을 무질서하게 섞어 쓸 때다. 그렇게 되면 둘 사이에 서로 다른 기준이 놓이고, 대화는 혼란에 빠진다.

평가 내용을 전할 때 꼭 기억할 표현

마음이 성급해지면 결론부터 말하고 싶어진다. 그 프로젝트가 좋은 프로젝트인지 나쁜 프로젝트인지, 그 후보자가 채용할 가치가 있는지 없는지, 어서 결론을 내고 싶다. 그런데 이런 때일수록 기준이 결론만큼이나 중요하다는 사실을 기억해야 한다. 상사와 대화가 매끄럽지 못했던 여러 상황을 생각해보자. 혹시 기준을 명확하게 밝히지 않아 생긴 상황이 아니었는가?

영어 표현에 'in terms of'라는 표현이 있다. '~한 면에서'라는 뜻이다. 해외 업체와 회의할 때 매우 유용하게 사용하는 표현이다. 그런데 한국인 상사나 동료와 회의할 때는 명확하게 기준을 밝히지 않는 것을 많이 봤다. 정서적 친밀감 때문일까? '일잘러'로 빛나길 원한다면, 친밀한 동료와 논의할 때도 외국인과 대화하는 것 같은 긴장감과 준비성을 잃지 말자. 어떤 평가를 내릴 때 '~의 측면에서'라는 말을 기억하자.

"올해는 인력 운영 상황에 문제가 없습니다. 그런데 내년에는 어려워질 수도 있습니다. 기존 사업 인력은 충분한데, 신규 사업 담당 인력은 모자랍니다.

신규 인력 채용은 목표한 인원을 다 맞췄습니다. 전체 경쟁률도 최근 3년 계속해서 올라가고 있습니다. 그런데 우려되는 지점도 있습니다. 수도권 대학 졸업생의 입사 희망 순위에서 우리 회사 순위가 지난해보다 밀렸습니다."

O

"현재 기준 상반기 인력 운영에는 문제가 없습니다만, 내년도에는 몇 가지 리스크가 있습니다. 특히 신사업 담당 인력과 신입사원 채용 측면에서 우려가 됩니다.

우선 신사업 담당 인력이 내년에 부족해질 위험이 있습니다.

또 서울 주요 대학 졸업생을 대상으로 입사 선호도를 조사한 결과, 지난해 6위를 차지한 우리 회사가 올해 10위권 밖으로 밀려났습니다."

❶ 모든 상황을 고려한 큰 그림을 먼저 이야기한다.

❷ '~의 측면에서'라는 표현으로 기준을 명확하게 제시한다.

❸ 문제 상황에 대한 대책과 다음 회의 방향을 제안한다면 더욱 좋다.

"그건 어디서 나온 이야기입니까?"

이번 회의 주제는 미래 교육 시장 선점을 위한 아이템 발굴이다. 조 사원은 며칠을 수고해 발표 자료를 만들고 인사팀 전체 회의에 섰다.

"청소년 70퍼센트가 게임이 두뇌 발달에 도움이 된다고 응답한 결과를 바탕으로 말씀드리겠습니다."

"조 사원님, 잠깐만요."

윤 부장이 말을 끊는다. 조 사원은 당황한다. 아직 시작도 안 했는데, 무슨 말을 하시려는 거지?

"방금 말한 그 조사 결과, 어디서 가지고 온 건가요?"

"전국 온라인게임 진흥연합회에서 지난 8월 조사한 내용입니다."

"네? 그런 단체라면 당연히 게임이 두뇌 발달에 도움 된다고 말하지 않겠어요? 이익단체의 조사 결과를 쓰면 어떡합니까?"

조 사원은 당황스럽다. 어렵게 찾은 자료인데 그냥 쓰면 안 된다고?

사실은 왜곡된 자료일 위험이 있다

회사에서 사람들 간 주장이 맞설 때 해결의 실마리가 되는 게 있다. 바로 '사실'이다. 사실에만 근거한다면 사원도 최고경영자의 잘못된 말을 지적할 수 있다.

그래서 많은 직장인이 본인의 주장을 뒷받침하기 위해 각종 사실을 조사하고 적절하게 인용한다. 보고서 하나에도 책과 논문, 뉴스 등 다양한 인용을 덧붙인다. 어떤 상사가 보더라도 반박하지 못할 것 같다. 모양도 더 세련돼 보인다.

그렇다면 이 보고서는 이제 어떤 논리적 공격도 막을 수 있는 철옹성이 된 것인가? 아니다. 공격 대상이 바뀐다. 예리한 사람이라면 당신의 의견과 주장을 공격하는 대신 그 의견과 주장이 딛고 선 땅을 흔든다. 이때부터는 당신이 찾아낸 사실의 기반, 그 원천을 검증하는 시간이다. 지반이 흔들리면 당연히 그 위에 세운 건물도 흔들린다.

이런 검증 방법이 낯설게 느껴지지는 않을 것이다. 2차 세계대전의 책임 여부를 일본에게 유리하게 해석한 해외 학자가 알고 보니 일본 정부와 전범 기업의 지원을 받은 학자로 밝혀진 것과 비슷하다. 그 학자의 연구를 순수 학문적 결과물이라 믿을 한국인은 많지 않을 것이다.

이런 일은 회사에서도 발생할 수 있다. 내 의견과 주장을 말하기 위해 참고한 자료가 왜곡된 사실일 가능성은 없는지 항상 조심해야 한다.

믿고 인용할 출처를 찾는 노하우

언제나 사실이며 진리인 연구 결과는 없다. 어떤 연구든 오류나 편향이 있을 수 있다. 그렇기 때문에 100퍼센트 객관적인 자료를 찾기보다 회사 구성원이 서로 믿고 인정할 수 있는 자료를 찾는 편이 더 현실적이다. 그렇다면 모두가 믿을 수 있는 자료는 어떤 조건을 갖춰야 할까?

첫째, 우선 공신력 있는 기관의 자료여야 한다. 공신력은 말 그대로 '공적 신뢰를 받을 수 있는 능력'이다. 여러 기관 중에서도 신뢰도가 그 기관의 존재 가치를 결정짓는 곳이 있다. 가령 대학교, 연구소, 전문 여론조사 기관 등이 여기에 포함된다. 그들 중에서도 오랜 역사와 활동으로 수많은 사람에게 검증된 기관의 조사 결과라면 어느 정도 공신력을 갖췄다고 할 수 있다.

둘째, 정치·경제적으로 특수한 이해관계가 있는 기관이나 개인의 연구 인용은 신중을 기해야 한다. 그런 기관들은 자신들의 이익을 극대화하도록 조사 방법과 절차를 설계하기도 한다.

셋째, 최근 발표된 연구 결과여야 한다. 아무리 공신력이 큰 기관의 연구라도 5년 전, 10년 전의 연구는 사용할 수는 없다. 시간이 흐르는 동안 결과 자체가 달라졌을 위험이 있기 때문이다.

넷째, 공신력 있는 기관의 연구를 인용했다 해도 지나치게 확대 해석한 부분은 없는지 경계해야 한다. 예를 들어 '게임이 두뇌에 미치는 부정적인 영향이 확인되지 않았다'는 사실을 확대 해석해 '게임이 두뇌에 긍정적인 영향을 미친다'라고 해석하는 것은 논리적 비약이다.

다섯째, 원자료Raw data가 있는지 확인하고, 있다면 찾아봐야 한다. 책, 논문, 기사에도 인용된 정보가 많다. 그리고 인용된 정보는 원래 저자의 논지와 달리 인용자의 입맛에 맞게 가공된 경우도 있다. 가령 1980년대 후반 한 식품 회사가 식용이 아닌 '공업용' 등급의 소기름을 수입해 라면을 튀겼다는 혐의로 엄청난 타격을 받았다. 그러나 이후 밝혀진 사실에 따르면 이들이 사용한 소기름은 공정을 거쳐 식용으로 충분히 사용할 수 있는 것이었다. 인용자가 '공정'을 '공업용'으로 둔갑시켜 악의적으로 해석했다고도 볼 수 있는 사건이었다.

자료를 인용하는 것은 양날의 칼과 같다. 제대로 인용하면 주장에 큰 힘이 실리고, 내 정성과 노력이 빛난다. 그러나 그 인용이 엉터리라고 밝혀지면 내 주장은 한순간에 무너진다. 특히 상사나 동료가 반대하는 사안을 설득하려 할 때 잘못 인용한다면 그 폭발력은 상상 이상이다. 논란이 있었던 인물의 저서를 인용했다가 종일 망신을 당한 그 날 기억이 아직도 생생하다.

"이 자료는 전국○○○진흥연합회가 지난해 조사한 내용입니다."

"그곳은 믿을 수 있는 기관인가요?"

"확실하지 않습니다. 그래도 관련 업계가 많이 참여하는 것처럼 보였습니다. 관련 자료도 방대하고 좋은 것 같습니다."

"자료가 좋고 나쁜 것을 본인이 판단할 수 있나요?"

"설명이 자세한 편이었습니다……."

"자세하다는 것과 해당 자료를 믿을 수 있다는 건 다른 이야기입니다."

0

"이 자료는 전국 ○○○진흥연합회가 지난해 조사한 내용입니다."

"그곳은 믿을 수 있는 기관인가요?"

"확인해보니 문화체육부 공인을 받은 곳이고, 주요 언론에서도 해당 연합회 자료를 자주 인용했습니다. 특히 지난해 정부 기관 주최 민관 합동 세미나에서 메인 발표를 담당한 기관입니다."

"그렇군요. 고생했습니다."

❶ 자료의 객관성은 자료 자체의 장단점이 아니라 제3자에 의해 평가받는다.

❷ 정부, 학계, 여론조사 기관 등 공신력 있는 기관의 자료를 인용하는 것이 비교적 안전하다.

"그래서 결론이 뭡니까?"

"조 사원님, 한국공기업 오 대리입니다. 지난번 보내주신 저희 회사 팀장 교육 기획안을 다시 작성해주실 수 있을까요? 교육 일정과 대상자, 주요 교육 내용이 달라져서요."

상황을 상세하게 파악하라는 조언을 잊지 않았던 조 사원은 오 대리에게 꼬치꼬치 묻는다. 변경된 이유는 무엇이고, 새로운 기획안은 언제까지 작성해야 하는지, 추가 경비는 얼마나 가능한지 등등……

통화를 마치고 윤 부장에게 가는 조 사원은 자신감이 넘친다. 이 정보들을 5W1H 틀에 맞춰 어떻게 윤 부장에게 전달할지에 관한 생각뿐이다. 이제 칭찬을 들을 일만 남았다.

"보고 잘 들었습니다. 그래서 이제 우리는 뭘 어떻게 해야 하죠?"

돌아온 윤 부장의 질문에 조 사원은 당황스럽다. 상황을 이만큼 자세하게 전했으면 대책은 윤 부장님이 내놔야 하는 것 아닌가?

조직을 움직이게 하는 것이 보고의 핵심

위 상황에서 조 사원이 보고를 이렇게 마무리했다면 어땠을까?

"한국공기업에 제출할 교육 기획서를 다시 작성해야 하는데, 김 대리님 도움을 받아 작성해도 될까요? 목요일 오후 세 시까지 보내달라 했으니, 괜찮으시다면 내일 오후까지 정리해 부장님께 검토받고 싶습니다."

이 대화에서 조 사원은 교육 기획서가 어떻게 바뀌어야 하는지 하나하나 설명하지는 않는다. 다만 그 문제를 해결하기 위한 단계와 절차를 말하고 있다. 일단 이것으로 조 사원 본인을 포함해 윤 부장, 김 대리 등 조직이 움직일 수 있다. 이렇듯 조직을 움직이게 하는 것이 비즈니스 대화의 핵심이다.

누군가는 회사를 '돈 받으며 배우는 학교'라고 말한다. 경제 활동뿐 아니라 수많은 사회 경험을 쌓는 곳이란 뜻이다. 그렇지만 학교와 회사는 본질적으로 다를 수밖에 없는 특성이 있다. 학교는 어떤 사실을 제3자의 입장에서 배우고 평가하지만, 회사에서 우리는 어떤 문제에 대해 실행을 하고 결과를 내야 한다.

이러한 특성은 회사 내에서 이뤄지는 대부분의 의사소통에도 반영된다. 문제를 분석하고 상황을 설명하는 데서 논의가 멈춘 회의는 그 내용이 아무리 깊이 있는 수준이었다 해도 의미가 없다.

그렇다면 비즈니스 대화에 포함돼야 할 '행동'이란 무엇일까? 벌어진 문제를 완벽하게 해결할 대책을 바로 제시할 수 있다면 좋다. 물론 해결책이 항상 손쉽게 나오지는 않는다. 하지만 현재 이런 문제가 있으니 언제 어디서 회의하자는 건의, 또는 이 부분은 전문가인 누가 확인해줬으면 좋겠다는 업무 분장 수준의 결정도 '행동'에 포함된다.

행동을 이끌어내는 커뮤니케이션을 위하여

많은 직장인이 본인은 행동 지향적인 대화를 하고 있다고 생각한다. 조 사원만 하더라도 '내가 상황을 분석했으니 이제 부장님께서 뭘 어떻게 해야 할지 알려주시겠지'라고 생각했을 것이다.

하지만 비즈니스 현장에서 가장 피해야 할 것이 '추측'이다. 명확한 언어로 표현하고 확인해야 하는 곳이 현장이다. 그렇다면 행동 지향적으로, 업무를 원활하게 이끌어갈 비즈니스 대화란 무엇일까?

첫째, 담당자와 결과물, 시간을 명확하게 제시하는 대화다. 이렇게 계획을 세우는 것은 내가 업무 추진의 주도권을 가질 기회도 준다. 물론 상대방이 다른 의견을 제시할 수도 있다. 하지만 내가 제시한 계획대로 진행하든 상대가 수정한 계획대로 진행하든, 계획을 수립하고 추진하는 사람은 나다. 또 그렇게 결정한 계획은 자기 자신과의 약속이기 때문에 실제로 업무를 추진할 때 나를 이끌어줄 추진력이 되기도 한다.

둘째, 결과물이라 해서 무조건 최종 완성품을 의미하지는 않는다. 최종 완성품이 어떤 모습이어야 할지, 누가 업무를 나눠 담당해야 할지, 다음 회의 날짜를 언제로 할지 등 모든 논의가 행동 지향적인 비즈니스 대화다. 물론 업무를 계획하는 회의에서는 담당자, 결과물, 시간에 대한 명확한 결론이 나와야 하므로 주관자 입장에서는 철저한 사전 준비가 필요하다.

셋째, 간혹 전혀 예상하지 못한 상황이 발생해 어떤 계획을 어떻게 세워야 할지 막막할 때도 있다. 그럼에도 역시 '들은 내용을 전달하기만 하는 사람'과 '해결하려 애쓰는 사람'의 자세는 다르다. 가령 문제를 해결하고자 하는 사람은 "이런 문제가 생겼는데 어떻게 대처하면 좋을까요?" "혹시 제가 도움을 받을 수 있는 사내 전문가가 있을까요?"라고 말할 것이다. 이런 질문에는 상사가 해결의 실마리를 줄 수 있다. 최소한 자기 일을 끝까지 책임지려 애쓰는 모습을 나쁘게 볼 사람은 없다.

"부장님, 고객사 CEO의 일정 변경으로 교육 일정을 앞당겨달라는 요청이 있었습니다. 교육안을 다음 주가 아니라 이번 주 금요일까지 제출해달라 합니다. 경비는 변동이 없습니다."

"알겠습니다. 그럼 담당자로서 어떻게 대응할 건가요?"

……부장님이 결정해주시면 진행하겠습니다."

Q

"부장님, 고객사 CEO의 일정 변경으로 교육 일정을 앞당겨달라는 요청이 있었습니다. 교육안을 다음 주가 아니라 이번 주 금요일까지 제출해달라 합니다. 경비는 변동이 없습니다."

"알겠습니다. 그럼 담당자로서 어떻게 대응할 건가요?"

"제가 기획안을 목요일까지 작성해 부장님께 검토받겠습니다. 목요일 오후에 보고해도 괜찮을까요? 일정이 급해진 만큼 업무 협업이 필요한데, 김 대리에게 협조 지시를 부탁드립니다."

"좋은 생각이네요. 알겠습니다."

● 보고서는 누가, 무엇을, 언제까지 할지 책임 소재를 명확히 해야 한다.

● 책임 소재는 보고서에 '향후 계획'이라는 항목으로 명시할 수 있다.

● 책임 소재가 불분명한 업무는 누구도 하지 않는다는 것을 명심하자.

"지금 꼭 이야기해야 하나요?"

조 사원은 윤 부장에게 인력 운영 계획에 관해 지적받은 내용을 보완했다. 사실 지난번은 내용의 문제라기보다는 전달 기술의 문제였다. 그래서 오늘 오전에는 보고하기 전 시뮬레이션까지 했다. 윤 부장의 책상으로 향하는 조 사원의 발걸음에 힘이 들어간다.

"윤 부장님. 어제 보고했던 전사 인력 운영 현황과 계획에 대해 보완 보고드리겠습니다. 먼저 어제 문제가 되었던……."

그런데 갑자기 윤 부장이 자리에서 일어선다.

"그 이야기 지금 꼭 해야 하는 건가요? 곧 중요한 고객사 미팅이 있으니까 그 이야기는 내일 다시 합시다."

"아, 네. 알겠습니다."

조 사원은 왠지 모르게 다리에 힘이 풀린다. 방금까지의 그 에너지를 내일 다시 느낄 수 있을까? 하필 고객사 미팅이 왜 지금 있는 건지, 운이 없었다.

보고는 타이밍이다

중고등학교 영어 수업 시간에는 M.P.T.라는 표현이 등장한다. 각각 일의 방식Manner, 장소Place, 시간Time 을 의미한다. 주어·동사·목적 어처럼 필수적인 문장 요소는 아니지만, 부사구에 해당하는 M.P.T.는 문장을 보다 매끄럽게 만들어주는 역할을 한다. 회사에서도 마찬가지 다. 보고나 회의를 할 때 이 M.P.T.는 확실히 업무를 보다 원활하게 해 주는 역할을 한다.

앞의 사례처럼 보고의 타이밍을 보자. 보고하는 사람이나 보고받는 사람이나 모두 일정이 수두룩한 조직의 일원일 뿐이다. 보고하는 본인 이 준비되었다고 해서 보고받는 상사가 언제나 기다리고 있다고 착각 해서는 안 된다. 장소도 마찬가지다. 인사 관련 사항이나 영업 기밀 같 은 민감한 이야기를 사람 많은 공개된 장소에서 보고하면, 붉으락푸르 락한 상사의 얼굴을 바로 만날 수 있을 것이다.

타이밍을 만들어낸다는 것

M.P.T.를 잘 찾아야 한다. 그중에서도 핵심은 타이밍이다. 상사가 보 고받기 적합한 시점을 알아야 한다. 운이 좋으면 보고 시간을 다시 약 속할 수도 있지만, 잘못하면 중요한 보고를 아예 하지 못할 수도 있다. 따라서 정확하게 말하자면 '보고 타이밍을 만들어낼 수' 있어야 한다.

다음 몇 가지 요령을 살펴보자.

우선 보고서 초안을 완성했을 때 혹은 90퍼센트 정도 작성했을 때, "부장님, 한 시간쯤 후에 보고서를 완성할 것 같은데, 그때 보고드려도 될까요?" 하고 미리 물어보는 방법이 있다. 완성한 후에 보고 일정을 잡으려면 늦을뿐더러, 갑작스런 보고는 그 자리에서 마무리되지 않을 가능성도 크다.

부족한 부분을 보완해 다시 보고해야 하는 경우도 있다. 이때 최선의 방법은 해당 보고가 끝난 당시에 바로 다음 일정을 정하는 것이다. "부장님, 그럼 이 부분을 보완해 다시 말씀드리겠습니다. 내일 오후 세 시에 시간 괜찮으실까요?" 하고 말이다.

있는 기회를 활용하는 방법도 좋다. 많은 회사가 대체로 월요일을 업무 회의로 시작한다. 이때 상사에게 일정을 말해두는 것이다. "지금 정리하는 보고서가 마무리 단계입니다. 화요일 오후쯤 최종 보고를 드리겠습니다."

지금까지 언급한 세 가지 방법의 공통점을 눈치챘는가? 바로 '상사에게 미래 어느 시점에 보고할지 미리 이야기하는 것'이다. 상사의 시간을 확보할 뿐만 아니라 상사가 마음의 준비를 하도록 돕는 효과도 있다. 상사는 보고받는 순간 판단도 해야 하고, 결정도 해야 한다. 아무래도 예상치 못한 보고를 받으면 일이 갑자기 늘어난 느낌에 상사도 기분 좋을 수가 없다.

무엇보다 필요한 것은 보고가 가능한 시점을 합리적으로 판단하는 일이다. 내가 약속한 시간을 스스로 지키지 못하면 신용이 무너진다.

잊지 말자. 타이밍은 간결하고 명쾌한 보고만큼이나 중요하다.

"부장님, 어제 요청하신 지난 분기 실적입니다."

"아, 미안합니다. 오전에 임원 회의가 있어서요.
다음에 보고해주세요."

(몇 시간 후, 회의에서 돌아온 부장에게)
"어제 요청하신 보고서입니다."

"이 시간에 거래처 미팅이 있는 거 모르나요?
오후에 다시 보고해주세요."

O

"부장님, 어제 요청하신 지난 분기 실적 자료를 90퍼센트 정도 마무리했습니다. 한 시간 정도 후에 보고드려도 될까요?"

"고생했네요. 오전 임원 회의 끝나고 바로 검토할까요?"

"네, 알겠습니다."

❶ 보고를 위한 최적의 시간은 보고받는 사람이 정하는 시간이다.

❷ 보고서 작성 중간에 보고 일정을 잡는다.

❸ 보고받는 사람이 직접 일정을 정하면, 해당 업무에 자신도 참여한다는 책임감을 느낄 수 있다.

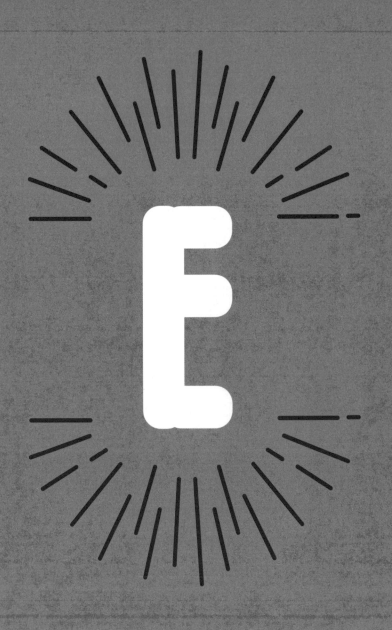

Express,
보고는 요약이다

일잘러가 보고하는 법

보고하는 순간 알게 되는 것

평상시 정말 열심히 공부하는데 정작 시험 성적은 안 좋은 학생, 수년을 준비한 올림픽에서 작은 실수로 제 실력을 발휘하지 못한 운동선수……. 이런 사연만큼이나 우리 회사원의 마음을 안타깝게 하는 이야기가 있다. 바로 '며칠 밤을 새워 준비했는데 인정받지 못한 보고서'다.

보고하는 사람은 보고하는 순간에 안다. 이 보고가 프로젝트를 성공적으로 장식할 꽃이 될지, 아니면 지난 며칠의 작업이 물거품이 되고 다시 언제 끝날지 모를 수고로운 시간으로 돌아갈지 말이다. 보고서 내용이 부실했다면 아쉬울 것도 없다. 내 실력이 모자랐으니 다시 노력하면 된다. 그런데 보고서 내용은 충실히 채웠는데 이를 제대로 전달하지 못한 거라면? 아쉬움을 이루 말할 수 없을 터다.

회의 시간에도 마찬가지다. 열심히 준비한 좋은 아이디어가 있는데, 동료들이 내 말을 이해하지 못한다. 다시 설명해봐도 여전히 갸우뚱한다. 그렇게 회의가 끝나고, 나는 무능한 사람처럼 느껴진다.

이럴 때 눈길이 가는 사람이 있다. 특별할 것 없는 보고서를 준비한 동료가 상사의 칭찬을 크게 받는다. 내용은 아무리 봐도 이제까지 상사가 이야기한 것을 정리한 수준이다. 또 어떤 선배는 회의 시간에 딱히 특별한 아이디어를 내놓은 것도 아닌데 그가 입을 열면 사람들이 목이 쏠린다. 그의 몇 마디에 회의가 깔끔하게 정리된다.

그렇게 부러워한 선배와 동료에게 어떤 특별한 기술이 있었던가? 적어도 내 경우에 그렇지는 않았다. 대신 그들은 아주 상식적이고 기본적인 일을 꾸준히 실천했다. 그 상식적이고 기본적인 일, 그래서 누구나 할 수 있는 일, 그 이야기를 하고 싶다.

어떤 상황에서도 말을 잘하는 사람이 있다

언어의 달인으로 불리는 부사장님이 있었다. 인사 교육 분야 출신으로 최고경영자 자리까지 오른 사람이었다. 그분에 대한 평가는 한결같았다. "말을 정말 잘하는 사람"이었다.

그 말에는 사실 묘한 질투감이 배어 있었다. 다른 사람처럼 며칠 밤을 새워 작성한 보고서도 아닌데 어떻게 늘 칭찬받고 인정받는지, 다들 이해할 수 없는 마음이었던 것 같다. 하지만 가까이에서 지켜본 나는 알았다. 그는 매사에 철저하게 준비하는 성격인 데다가, 하루도 빠짐없이 공부하는 사람이었다. 특히 50대 중후반 나이에도 고등학교 국어 교과서에서나 나올 법한 기본 문법과 표현을 반복해서 공부했으며,

최고경영자를 위한 경영 철학을 말뿐 아니라 온몸으로 생활 속에서 실천했다. 그리고 실천한 내용을 다시 교육에 반영하는 작업까지 30년 가까이 반복하고 있었다.

그는 교과서에나 나오는 '기본'을 수십 년 동안, 수만 가지 상황에서 반복하고 훈련했다. 그 결과 어떤 상황에서도 긴장하지 않고 자신이 할 말을 자연스럽게 표현하는 실력이 있었다. 그 오랜 시간의 연습 과정을 보지 않고 '말을 잘하니 보고도 쉽게 한다' 정도로 치부하는 사람들은 빙산의 일각만 본 셈이다.

생각해보면 우리 일도 마찬가지다. 기본이 중요하다. 매일 완전히 새로운 일이 일어나는 게 아니기 때문이다. 지난 프로젝트, 지난 회의에서 겪은 문제가 다양한 상황 변화에 따라 변주된다. 그렇다면 분명하지 않은가? 당신이 어떤 상황에서도 말을 잘하는 사람이 되고 싶다면 자주 발생하는 문제를 알고, 이때 어떤 말과 대응이 필요한지 반복해서 연습해야 한다. 이번 장에서는 그와 같은 이야기를 해볼 것이다.

보고도 시작이 반이다

"그래, 윤 부장님도 바쁘실 테니 핵심만 말하는 거야."

조 사원의 발걸음에 긴장감이 서린다. 최근 윤 부장의 바쁜 일정을 아는 조 사원은 그가 알아오라 지시한 내용만 얼른 보고해야겠다 다짐한다. 얼마 전 윤 부장은 조 사원에게 사내 교육으로 쓸 만한 주요 교육 기법을 조사해 오라고 지시했다. 조 사원은 조심스럽게 윤 부장의 방문을 두드린다.

"부장님. 교육 기법에 대해 알아본 내용을 말씀드리겠습니다. 롤플레잉 게임을 도입한 체험형 교육, 콘텐츠를 직접 만들어 강의하는 자기 주도형 교육, 출퇴근 시에도 쉽게 즐길 수 있는 모바일 교육 등이 있었습니다. 현재 교육 시장에서 해당 서비스를 제공하는 업체 목록과 주요 프로그램도 추가로 정리했습니다."

조 사원은 윤 부장에게 보고서를 건네며 속으로 안도의 한숨을 쉰다. 준비한 내용을 빠뜨리지 않고 핵심만 잘 전달했다. 이제 부장님이 보고서를 살펴보고 마음에 든다면 새 업무 지시를 내리겠지, 조 사원은 생각한다. 그런데 윤 부장이 인상을 찌푸린다.

"지금 무슨 보고를 하는 거죠? 이건 왜 조사한 거죠?"

조 사원이 당황해 설명한다.

"거래처 교육 프로그램 개선 프로젝트에 참고하시겠다고 최근 교육 기법을 조사하라고 지시하셨습니다. 어제 얘기하신 건데요."

"조 사원님. 지금 우리 사무실에서 진행되는 일이 그것 하나인가요? 아무 설명 없이 자기 할 말만 쏟아내면 듣는 사람이 어떻게 이해하지요?"

지금 그 말을 왜 하는지 모르겠다면?

조 사원은 억울할 수 있다. 본인이 지시한 업무 내용을 기억하지 못한 윤 부장에게도 책임이 있다. 하지만 생각해보자. 윤 부장은 조 사원에게만 업무를 내리지 않는다. 팀의 다른 여러 사람에게 업무를 지시한다. 또 스스로 처리해야 할 일도 있다. 일반적으로 관리자는 각 담당자보다 동시에 더 많은 일에 관여한다.

물론 담당자도 한 관리자에게만 지시받지 않는다. 조 사원에게 업무를 지시하는 사람은 윤 부장 외에도 김 대리, 대표, 거래처 담당자일 수도 있다. 분명한 건 우리 사무실에서는 많은 일이 동시에 진행되고 있다는 사실이다. 내가 하는 일의 범위와 상대방이 담당하는 일의 범위는 서로 다르다. 업무차 상대와 어떤 논의가 필요하다면, 무슨 이야기를 하려는 건지 서로 설명하고 이해하는 절차가 필요하다. 이런 대화가 미리 이뤄지지 않으면 "당신이 무슨 말을 하는 건지 모르겠다"와 같은 반응에 부딪친다.

특히 전화나 이메일 같은 비대면 커뮤니케이션에서는 무슨 이야기를 하고 싶은지 먼저 명확히 말하는 것이 중요하다. 당연히 이해하겠거니 하는 태도로 자신이 하려는 말만 던지는 전화나 이메일은 불쾌하게 느껴진다. 무슨 요청인지 재차 확인하는 과정에서 에너지가 소모되는 것은 물론이다. 감정과 시간이 낭비되고, 일의 효율이 떨어진다.

핵심은 상대에 대한 배려심

사무실에서는 누구나 정신없고 바쁘다. 아무리 똑똑한 사람이라도 바로 어제 지시한 내용을 잊어버릴 수 있다. 이런 상황을 염두에 두면서 보고나 대화를 효율적으로 시작하는 방법은 무엇일까?

무엇보다 상대방이 사용한 언어를 다시 사용하는 것이 효과적이다. 가령 "어제 대리님께서 알아보라고 하신 내년도 경제 예측 관련 보고입니다"와 같이 말하는 것이다. 여기서 중요한 것은 '어제 당신이 내게 업무 지시를 했다'는 사실이 아니다. 중요한 것은 상대가 내게 업무를 요청하며 사용한 단어나 문구 또는 표현이다. 자신이 사용한 업무 관련 단어를 다시 들었을 때 상대는 이전에 지시한 상황과 내용을 떠올리기 쉽다. 또 상대가 사용한 단어를 다시 쓰면, 그 정확한 뜻을 설명할 필요도 없다. 물론 가끔 상대방이 지시하지 않은 일을 보고할 때도 있다. 외부에서 발생한 일을 전하거나, 내가 처음부터 주도해 진행한 일을 설명하는 경우다. 이런 상황에는 좀 더 주의가 필요하겠다.

말의 도입은 이메일 제목을 쓰는 것과 비슷하다. 제목에 메일 내용을 요약하는 문구와 함께 (협의) (요청) (공유)와 같은 말머리를 붙이듯, "협의가 필요한 사항이 있습니다" "요청드릴 부분이 있습니다" "공유할 것이 있습니다"와 같이 말을 시작한다. 이렇게 목적을 밝히면 상대방은 마음의 준비를 한다. 그러고 나서 "직원들 휴가 일정에 관련해 말씀드리고 싶습니다" "거래처에서 컴플레인이 접수됐습니다"와 같이 이야기하면 상대방이 한결 이해하기 쉽게 말을 시작할 수 있을 것이다.

또 다른 방법은 상대방이 이미 아는 관련 정보를 끌어와 이야기하는 것이다. "지난번에 제작한 팀 단체복 어떠셨습니까? 이번에도 비슷한 단체복을 만들자는 의견이 있습니다." 이렇게 말하면 제안 내용 이해는 물론 공감대 형성도 쉽다.

훨씬 쉬우면서도 효과적으로 보완할 수 있는 방법도 있다. 대화를 시작할 때 충분히 느리게 말해보자. 특히 상대방이 내 말을 잘 이해하고 있는지 얼굴 표정을 잘 관찰해보기를 추천한다. 상대방이 충분히 이해하고 공감할 수 있도록 약간의 시간을 주라는 뜻이다.

기존에 사용한 언어를 다시 쓰는 것, 말머리를 쓰는 것, 기존 사례를 이용하는 것, 천천히 말하는 것, 이 모든 것의 공통분모는 '상대방'이다. 보고하고 대화하는 모든 과정에서 상대가 이해할 수 있는 언어를 사용하고, 시간을 주는 배려심이 결국 핵심이다. 그 배려가 부드러운 의사소통이라는 열매로 되돌아올 것이다.

"부장님, 교육 기법에 관해 조사한 내용을 말씀드리겠습니다. 게임이나 롤 플레이를 도입한 체험형 교육, 콘텐츠를 직접 만들어 강의하는 자기 주도형 교육, 출퇴근 시에도 쉽게 즐길 수 있는 모바일교육 등이 있었습니다. 현재 교육 시장에서 해당 서비스를 제공하는 업체 목록과 주요 프로그램을 추가로 정리……."

"잠깐만요, 지금 무슨 보고를 하는 거죠? 이건 왜 조사한 거죠?"

Q

"부장님, 최근 교육 기법에 대해 보고할까 하는데 시간이 괜찮으실까요? 고객사 교육 프로그램 개선을 위해 어제 조사하라 하신 내용입니다."

"아, 그랬죠. 말해보세요."

"네. 게임이나 롤 플레이를 도입한 체험형 교육, 콘텐츠를 직접 만들어 강의하는 자기 주도형 교육, 출퇴근 시에도 쉽게 즐길 수 있는 모바일 교육 등이 최근 교육 기법 중 가장 많이 언급되는 기법이었습니다. 상세 내용을 작성한 표를 보시면서 더 자세히 말씀드리겠습니다."

"좋습니다. 계속 설명해보세요."

❶ 상대가 자신이 요청한 사항을 당연히 기억하리라 가정하지 말자.

❷ 상대가 들을 준비가 되었는지 확인하는 것이 배려다.

❸ 상대가 업무를 요청했을 당시 사용한 단어를 쓰면 이해가 더욱 쉬울 수 있다.

"중요한 것은 세 가지입니다"

"조 사원님. 이번 개선안으로 좋아진 점이 무엇인가요?"

사실 조 사원은 이 질문만을 기다렸다. 지난 일주일간 온 힘을 다해 준비한 개선안이다. 조 사원은 흥분하지 않고 천천히 설명한다.

"네 부장님. 지난번과 달리 이번에는 진단 평가부터 시작하려고 합니다. 그래서 교육 대상자가 본인의 강점과 약점을 알고 어떤 부분을 더 보완해야 하는지 스스로 깨닫게 하려 합니다. 또 모든 교육 과정을 온라인에 공유해 교육생들이 어디서든 지금 진행되고 있는 교육 내용을 확인할 수 있도록 했습니다. 저희 역시 온라인 게시판을 이용해 실시간으로 교육생의 피드백을 받을 수 있습니다."

윤 부장이 고개를 끄덕이면서도 약간 미간을 모은다. 아직 뭐가 부족한가? 괜찮다. 회심의 아이디어는 아직 꺼내지 않았다. 조 사원은 더욱 힘을 낸다.

"가장 큰 변화는 교육 과정 참여자가 승급 심사 시 가점을 받을 수 있도록 인사팀과 사전 협의한 점입니다. 직원 참여도가 지난해보다 더 올라가리라 예상됩니다. 교육을 수료한 직원은 다음 교육 때 회사 동료들에게 직접 강의할 수도 있습니다."

본인이 생각해도 좋은 아이디어다. 그런데 이상하다. 분위기가 좋지 않다. 다시 몇 초의 정적이 흐른다.

"조 사원님, 다 이야기한 건가요?"

"네. 다 말씀드렸습니다."

"이번 개선안으로 좋아진 점이 모두 몇 가지인지 다시 말해주겠어요?"

"네 가지입니다……."

"그렇군요. 첫 번째가 뭐라고 했죠?"

그렇게 조 사원은 앞서 말한 네 가지를 하나하나 다시 말해야 했다.

"조 사원님, 수고 많았고 아이디어도 좋았습니다. 그런데 조 사원님이 말하는 내용이 제 머리에 쏙쏙 들어오지 않네요. 그러면 본인의 아이디어가 얼마나 훌륭한지 남들은 모릅니다."

물 붓기 전에 항아리 바닥부터 확인해야 한다

'밑 빠진 독에 물 붓기'라는 속담이 있다. 바닥이 깨진 항아리는 아무리 물을 부어도 채울 수가 없다. 물을 담으려면 항아리의 바닥에 깨진 틈새가 하나도 없어야 한다. 정보를 받아들이는 인간의 뇌도 이와 비슷하다.

우리는 흔히 내가 한 말을 상대방이 당연히 기억하리라 생각한다. 하지만 사람의 기억력에는 한계가 있다. 지금 나와 마주 앉아 대화하는 사람이라도 방금 한 이야기를 100퍼센트 기억하지는 못한다. 하지만 우리는 이 간단한 사실을 자주 망각한다.

현장에서 일하는 직장인도 다르지 않다. 일과 관련해 내가 이전에 한 말을 상대방이 기억하리라 가정하고 소통하면 꼭 어딘가 삐걱거린다. 상대가 그것을 기억하지 못하는 경우가 훨씬 많기 때문이다.

이를 깨달은 사람은 문제를 극복하기 위해 메모를 하고, 문서를 작성하고, 녹음도 한다. 하지만 이런 방법들은 내가 듣는 처지일 때 쓸 수 있다. 만약 내가 중요하게 무엇인가 말하는 처지라면, 상대방이 내 말을 듣는 와중에 앞서 한 말을 잊지 않도록 도와줄 방법이 있을까?

방법이 있다. 바로 지금부터 설명할 말의 범위를 알려주는 것이다. "내가 이 문제에 대해 세 가지를 이야기할게"라고 말을 시작하면 듣는 사람은 자연스럽게 '내가 세 가지를 기억해야겠구나' 생각하며 마음의 준비를 한다. 이런 준비가 없으면, '중요한 이야기가 계속 나오는 거 같은데, 이걸 다 기억해야 하나? 언제까지 이야기할 셈이지?' 하는 생각이 든다. 상대의 말을 끝까지 집중해서 듣지 못한다.

말하기 전에 내가 무엇을 얼마만큼 말하겠다 알려주는 것은 사실 어렵지 않은 일이다. 그리고 효과 역시 훌륭하다.

세 가지라고 말하고 나면, 세 가지로 요약하게 된다

지금부터 몇 가지를 말하겠다고 이야기를 시작하면, 듣는 사람뿐 아니라 말하는 사람에게도 도움이 된다. '세 가지'를 이야기하겠다고 말하는 순간, 내 머릿속에도 전달해야 하는 중요한 핵심 내용이 세 가지로 정리된다.

당연히 이것을 말하다 저것을 설명하는 등 횡설수설하지도 않는다. 순서대로 1번을 이야기할 때는 2번과 3번에 대해서는 신경 끄고 1번에만 집중할 것이다. 2번과 3번을 이야기할 때 다시 1번으로 돌아오지도 않을 것이다. 무엇보다도 전하고자 한 중요한 말을 빠뜨릴 가능성도 사라진다. 자연스럽게 핵심을 명확하게 전달하는 사람이 된다.

그런데 중요한 사안은 항상 세 가지여야 할까? 물론 그렇지는 않다. 다만 '3'이라는 숫자는 머릿속에 인식되고 정리되는 효과는 확실히 있다. 3은 많은 문화권에서 완성과 균형을 의미한다. 그래서 3이라고 하면 부족하지도 과하지도 않게 느껴진다. 중요한 안건이 한 개면 깊이 고민하지 않은 것 같고, 다섯 개를 넘어가면 아직 정리가 덜 된 것처럼 보인다. 하지만 전달해야 할 안건이 객관적으로 두 개인 경우도, 네 개인 경우도 얼마든지 있을 수 있다. 이때도 "중요한 안건은 두 개입니다" "말씀드릴 안건은 네 개입니다"라고 말하면 된다.

숫자의 매력은 명확함이다. 말하고자 하는 바가 분명하다. 혼란스러운 업무 환경에 숫자가 주는 매력을 충분히 활용하길 바란다.

쉬운 말을 써야 하는 이유

고객사 안 대리와 통화하는 조 사원이 점점 더 열을 낸다.

"안 대리님. 성격 검사 결과가 그렇게 빠른 시간 안에 나올 수 있는 게 아니에요. 막무가내로 일주일 안에 100명의 결괏값을 달라고 하시면 안 되죠."

"쉽지 않은 거 알죠. 그런데 저희가 사장님 보고가 급해서 그래요. 결과 전체가 안 된다면 일부라도 어떻게 안 될까요?"

성격 진단 검사의 과정을 모르는 고객사 안 대리에게 일단 이 문제를 이해시켜야 한다. 조 사원은 열을 가라앉히고 다시 차분히 이야기한다.

"안 대리님. 센터에서 진단 툴을 만들려면 먼저 포커스 그룹 인터뷰부터 해야 해요. 테스트 툴을 뽑고, 그 결과로 회귀 분석을 돌려서 R 값이 어느 정도 확보되는지 검증한 다음에야 사용 가능한 툴이 됩니다. 그전까지는 신뢰성이 없어요. 최소한의 신뢰성을 확보하려면 적어도 3주가 필요해요."

이렇게까지 설명했으면 안 대리도 어느 정도 지금 자신의 요청이 불가능한 일임을 이해해야 한다. 그런데 안 대리 반응이 심상치 않다. 오히려 더 단호해졌다.

"그 부분은 용역을 맡은 그쪽 회사가 알아서 해야 할 일이죠. 그런 내용까지 궁금해진 않습니다. 저희가 요청한 기한이 다음주니까, 그 일정까지 가능한 범위에서 프로젝트를 진행해주세요."

당황한 조 사원이 아무 말도 하지 못한다. 이 모습을 가만히 지켜보던 김 대리가 전화를 바꿔달라고 한다.

"안 대리님, 김 대리입니다. 지금 급히 필요하시단 건 알겠습니다. 그런데 성격 진단 결과를 사용하려면 일단 믿을 수 있어야 하잖습니까? 지금 저희 조 사원이 하는 말은 사전에 시험 적용을 해보고 그 결과를 믿을 수 있는지 확인하는 과정이 필요하다는 겁니다. 이 단계를 거치지 않으면 결과가 나온다고 해도 현장에서 사용할 수 없는 수준입니다. 그런 불완전한 결과로 중요한 인사 결정을 하실 수는 없을 것 같은데, 팀 내에서 이런 사정도 반영할 수 있는지 확인해보시겠어요?"

어떻게 하면 쉬운 말을 잘 쓸 수 있나

직장인이 하기 쉬운 착각 중 하나는 '내 선배는 무엇이든 다 알 것이다'는 생각이다. 내가 열심히 조사하고 준비한 내용을 한눈에 살펴보고 잘못된 것까지 척척 찾아내는 선임은 모든 업무를 다 아는 존재처럼 보인다. 그러다 막상 내가 그 선임의 자리에 앉게 되는 순간 바로 깨닫는다. 일을 지시하는 관리자도 사실 아는 게 별로 없다는 것을 말이다.

물론 상사나 관리자는 업무 전반을, 회사의 전체적인 사정을 더 많이 경험하고 알고 있다. 그렇지만 설사 그렇다 해도 당신이 그들에게 보고하는 그 시점에 그들의 머릿속은 다른 복잡한 일로 가득 차 있다. 상사라고 해도 이들은 당신이 전하는 모든 정보를 제대로 이해하지는 못한다.

고객, 또는 회사의 협력 업체라면 더욱 내 말을 이해하기 어렵다. 우리는 특정 현장에 속해 있다. 그 현장이 우리 세계이고 우주다. 하지만 한 발짝만 떨어져서 보면, 내가 있는 현장은 정말 소수의 사람만 모인 한 점이다. 우리가 다른 국가의 언어와 문화를 다 알고 있지 않듯, 한 곳에서 쓰는 언어와 문화를 다른 곳의 사람이 쉽게 이해하리라 기대하는 것은 어리석은 일이다. 마찬가지로 비즈니스 현장에서 만나는 대부분 사람은 지금 당신이 전하려는 정보에 대해 아는 것이 거의 없다고 보는 게 맞다.

상대방이 해당 분야의 이해도가 높고, 또 마음이 관대해 내 말이 이해될 때까지 인내심을 가지고 들어준다면 물론 좋을 것이다. 그러나 대부분 사람들은 이해되게끔 말하지 못하는 나의 능력을 탓한다. 최악의 경우 그런 평가를 다른 사람에게 전하고 험담하기도 한다. 그러니 억울하지만 어쩔 수 없다. 상대방을 이해시켜야 한다. 상대방이 알아들을 수 있는 쉬운 말로 이야기해야 한다.

상대의 언어를 활용하라

백화점 인사팀 경력을 가진 선배가 있었다. 그는 항상 상식적이고 균형 잡힌 판단을 내려 내가 좋아하는 선배였다. 나는 특히 그의 말하는 스타일을 좋아했다. 그는 영화나 연속극, 예능 프로그램 내용은 물론 사회적 사건, 용어를 잘 활용했다. 복잡하고 심각한 인사 정책을 고민할 때도 그가 입을 열면 대부분 쉽게 이해했다. 10여 년 전 그가 회의 시간에 조심스러우면서도 차분하게 한 말을 아직도 기억한다.

"지금 다들 의견이 분분한 건 알겠습니다. 그렇지만 조직은 방향이 필요합니다. 하고 싶다고 다 할 순 없어요. 참아야 할 때도 있죠. 모두가 하고 싶은 걸 다 하려 하면 그 조직은 봉숭아학당이 되는 겁니다."

이런 이야기를 들으면 의견을 좀 더 조율할 필요성이 있겠구나, 생각하지 않을 수 없었다.

상대가 아는 용어를 쓰고 싶다면 내가 전달해야 하는 내용과 상대방이 알고 있는, 혹은 알 만한 내용을 연결하는 고도의 작업이 필요하다. 안타깝지만 이 문제는 쉽게 해결할 순 없다. 일단 말하는 사람이 자신이 전해야 할 이야기의 표면적인 내용뿐 아니라 본질을 파악해야 한다. 그리고 듣는 사람이 알 것 같은 이야기 중 본질을 공유하는 것을 찾아야 한다. 즉 상대방이 평소 무엇을 듣고 보고 즐기는지 관심과 배려가 있어야 한다. 내 것에 대한 이해, 상대에 대한 이해, 각각의 문제를 연결하는 통찰, 이 세 조건을 잘 갖출수록 좋다.

상대방이 이해할 수 있는 언어로 대화할 수 있다면 그 열매는 정말 달다. 업무 중 발생하는 수많은 오해와 갈등을 줄일 수 있다. 그뿐 아니라 '말이 통하는 느낌'을 상대에게 줄 때, 상대는 내게 깊은 유대감을 느낀다. 업무 현장에서 유대감으로 묶인 파트너는 당신의 중요한 네트워크 자산이다. 쉽게 말할 수 있는 능력은 모든 대화법 중에서도 최고 정점에 있는 능력이다.

"안 대리님, 평가 시스템이 그렇게 쉽게 나오는 게 아니에요. 센터에서 진단 툴을 만들려면 먼저 포커스 그룹 인터뷰부터 해야 합니다. 테스트 툴을 뽑고, 그 결과로 회귀 분석을 돌려서 R 값이 어느 정도 확보되는지 검증한 다음에야 사용 가능한 툴이 됩니다. 그전까지는 신뢰성이 없어요. 최소한의 신뢰성을 확보하려면 적어도 3주가 필요합니다."

"…… 조 사원님, 저 같은 일반인에게 그렇게 설명하시고 이해를 바라시는 건 아니겠죠? 저희도 고객으로서 일정 조정을 요청하는 건데 그게 잘못된 건가요?"

Q

"대리님, 잠깐 제가 설명드려야 할 거 같습니다. 말씀하신 시스템을 만들려면 먼저 평가 문항을 만들어야 하고, 그 평가 문항을 만들려면 샘플 질문으로 임직원 열 명 정도를 인터뷰해야 합니다. 샘플 질문이 통계적으로 믿을만하다는 결과가 나올 때까지 반복 실험해야 하고요. 여기에 열 흘 정도가 소요되는데, 이 과정을 생략하면 평가 문항의 신뢰성이 없습니다."

"소요 시간을 줄일 다른 방법이 없을까요? 저희 측에서 협조할 수 있는 부분은 최대한 협조하겠습니다."

"그럼 실험 대상자를 내일까지 선정하고 샘플 테스트도 하루에 두 번 할 수 있도록 일정을 잡아주실 수 있으시겠어요?"

"네, 제가 확인하고 금방 연락드리겠습니다."

❶ 전문 용어를 일방적으로 사용하면 상대의 불쾌감만 키울 수 있다.

❷ 이해하기 쉽게 설명하려는 노력이 상대의 마음을 연다.

❸ 서로의 입장만 주장하면 해결되는 것은 없다. 타협점을 찾아야 한다.

무엇을 인정하고 무엇을 반박할 것인가

"조금만 어려운 일이 있어도 포기하는 정신을 싹 바꾸는 교육이 필요합니다. 주인 의식을 갖고 회사를 먼저 키우면 그 열매를 모든 직원이 나눠 먹을 수 있어요. 당장은 선배들에게 양보하는 것 같아도, 자기에게 순서가 왔을 때 위아래에서 이끌어주는 것이 본래 우리 회사 문화입니다. 이런 문화를 전파하고 싶습니다."

고객사 담당 차장이 힘주어 말한다. 저렇게 자기 조직에 확신이 찬 사람은 최근 보기 힘들 정도다.

"대원들을 이끌고 히말라야 8,000미터 고봉을 정복한 등반 대장이라든가, 수십 년째 세계 최고를 지키고 있는 양궁 국가대표 감독 같은 분들 특강을 들으면 우리 직원들도 감동할 것 같은데, 가능할까요?"

김 대리가 어색하게 웃는다. 요즘 직원들의 생각을 너무 모르시는 게 아닌가.

김 대리와 조 사원이 눈치를 보는 사이 윤 부장이 나선다.

"오 차장님, 옳은 말씀이세요. 저도 최근 신입사원이 선배들보다 인내심이나 주인 의식이 약하다고 느꼈어요. 요즘 신입하고 같이 일하기 힘드시죠? 선배든 신입이든 결국 자발적으로 회사 일에 책임지고 몰입하게 하는 것이 중요할 텐데 말이에요."

오 차장은 자기 말이 인정받은 것 같아 적극적으로 호응한다.

"그렇죠 부장님? 자발적으로 회사 일에 책임지고 몰입하게 만드는 것, 그게 필요해요!"

"네, 차장님! 교육도 마찬가지인 것 같아요. 요즘 젊은 세대가 더 몰입할 수 있는 교육 방법을 찾아보면 어떨까요? 유튜브처럼 어디서나 쉽게 접하고 반복해볼 수 있는 온라인 교육도 좋겠어요. 한번 만든 콘텐츠를 여러 번 활용할 수 있어서 비용도 더 아낄 수 있더라고요."

"아, 비용 측면도 그렇고, 검토해볼 만하겠네요."

인간은 감정에 지배받는 존재

윤 부장은 어떻게 오 차장의 마음을 쉽게 열었을까? 해답은 전형적인 상대방 긍정 화법에 있다. 유튜브 같은 온라인 채널을 사용하자는 윤 부장의 제안은 오 차장의 처음 제안과 다르게 들리는데도 오 차장은 어느새 윤 부장의 의견에 동의하고 있다. 상대방의 의견을 인정하면서, 더 좋은 방법을 제시하는 것. 이것이 상대방 마음의 문을 열고 내 주장을 전달할 수 있는 방법이다.

상대방과 의견이 갈릴 때 바로 "그 생각은 틀렸습니다"라고 말하지 말라는 것을 자주 들었을 것이다. 먼저 "맞습니다"라고 이야기하고 "그런데 말씀입니다만……"이라고 이어 자기 할 말을 하라는 조언이다. 과연 정말 그럴까? 반은 맞고 반은 틀리다.

매일 만나는 동료와의 대화를 생각해보자. 대화할 때마다 매번 "그 말도 맞죠. 그런데……"라고 이야기하면 자칫 형식적인 말버릇으로 보일 수도 있다. 그런 형식 없이 바로 문제의 본질을 말할 수 있는 사이라면 처음부터 본론을 꺼내는 편이 효율적이다.

그런데 공식 회의 석상 혹은 업무차 처음 만난 사람, 중요한 파트너, 상사와의 대화 자리에서는 상대가 부정확한 말을 한다고 해서 바로 "그건 잘못 알고 계신 겁니다"라고 말하면 안 된다. 공식적이고 긴장되는 자리에서 틀렸다고 지적받는 것은 당사자에게 상당한 수치심을 주기 때문이다. 수치심은 강렬한 감정이다. 한번 이런 감정에 사로잡히면 대부분의 에너지를 감정을 추스르는 데 쓸 수밖에 없다. 평상시 발휘할 수 있는 판단력, 계산력, 추리력 같은 논리적인 힘이 떨어진다.

상대가 지금 나누는 대화를 충분히 이해하고 판단하도록 도와야 한다. 감정적으로 흥분하게 하기보다 대화를 편하게 이끌어야 한다. 그렇게 할 수 있는 가장 좋은 말이 "당신은 틀리지 않았다. 당신의 말에도 일리가 있다"고 말하는 것이다.

인간은 감정에 지배받는다. 사업상 중요한 결정도 결정권자의 감정에 좌우되는 때가 많다. 한번 감정이 상했다면 내 논리에 오류가 없더라도 상대를 설득하기가 어렵다. 업무 현장에서는 감정을 상하게 하지 않는 것도 중요한 규칙 중 하나인 것이다.

목적과 수단을 구분하라

물론 모든 말에 수긍해줄 수는 없다. 이때 중요한 것은 상대의 말 중 무엇을 인정하고 무엇을 반박할 것인지다.

기업 철학의 관점에서 생각해보자. 일반적으로 회사는 특정 기술과 서비스를 가지고 고객에게 가치를 제공한다. 즉 한 회사의 조직원들은 그 회사가 존재하는 '목적Why'을 공유하는 사람들이다. 좀 더 세부 단위로 들어가면 팀이 있다. 팀은 회사의 목적을 이루기 위해 특정 업무를 수행하므로 '목표What'를 공유한다. 또 한 팀이지만 그 안에서 한 명 한 명이 일을 수행하는 방법은 다를 수 있다. '수단How'은 개인의 수만큼 다양하다.

이 원리를 중요한 업무 관계자와의 대화에 적용할 수 있다. 상대가 제안하는 업무 내용과 방법은 내가 생각한 것과 다를 수 있지만, 수행하고자 하는 업무 목표는 같을 수 있다. 상대가 생각하는 업무 목표가 나의 목표와 다르더라도 최종적으로 회사와 개인이 성장해 이루고자 하는 목적은 같을 가능성이 높다. 덧붙여 나와 함께 의논하고 땀 흘리는 상대방 역시 (동료가 되었든 고객이 되었든) 존중받을 인격체라는 점은 잊지 말아야 한다.

앞의 이야기로 돌아가자. 고객사 오 차장은 신입사원에 대한 이해가 부족하고, 주입식 교육 방법을 선호한다. 그가 주장하는 교육 방법과 내용은 전문가가 보기에는 지적할 부분이 많다. 하지만 '기존 사원과 신입사원이 협력해 자기 업무에 몰입하고 일하는 회사 문화를 만들어야 한다'는 큰 차원의 목표는 정당하고 동의할 만하다. 그렇게 보면 조직을 위해 헌신하는 그의 열정 긍정적으로 이해할 수 있다.

수단 〈 목표 〈 목적의 단계가 있다면 목적으로 갈수록 동의하고 인정할 만한 여지가 많으며, 수단으로 갈수록 의견이 갈릴 가능성이 크다. 수단 차원에서 미숙하고 불완전한 의견을 낸다고 해서 그의 목표와 목적, 나아가 인격을 무시하거나 틀렸다고 해서는 안 된다. 그의 목적과 목표를 먼저 파악하고 인정하자. 그리고 그가 제시한 수단보다 더 좋은 방법을 설명하자. 상대의 마음의 문을 열고 내 주장을 그에게 전달할 수 있는 방법이다.

"조금만 어려워도 포기하는 정신을 바꾸는 교육이 필요합니다. 주인 의식을 갖고 회사를 먼저 키우면 그 열매를 모든 직원이 나눠 먹을 수 있어요. 당장은 양보하는 것 같아도, 위아래로 이끌어주는 게 본래 우리 회사 문화입니다."

"차장님…… 요즘 그렇게 교육하는 곳이 없어요. 요즘 사람들에게 주인 의식을 강요하면 반감만 삽니다. 이해를 바탕으로 접근하셔야죠. 전문가 입장에서 드리는 말이에요."

"일반적으로는 그럴지도 모르죠. 그렇지만 우리 회사에는 우리만의 문화가 있습니다. 그리고 전문가라면 고객이 원하는 교육을 해줘야 하는 거 아닌가요?"

O

"조금만 어려워도 포기하는 정신을 바꾸는 교육이 필요합니다. 주인 의식을 갖고 회사를 먼저 키우면 그 열매를 모든 직원이 나눠 먹을 수 있어요……"

"옳은 말씀이세요. 저도 최근 신입사원이 선배들보다 인내심이나 주인 의식이 약하다고 느꼈어요. 자발적으로 회사 일에 책임지고 몰입하게 하는 것이 중요할 텐데요."

"네, 부장님. 제 말이 그 말입니다."

"그런 내용을 전달하되 요즘 젊은 세대가 더 몰입할 수 있는 교육 방법을 찾아보면 어떨까요? 온라인 교육도 좋겠네요. 비용도 더 아낄 수 있더라고요."

"아, 비용 측면도 그렇고, 검토해볼 만하겠네요."

❶ 상대의 주장이 일부 틀렸다고 무시하면 그 이상의 소통이 어려워진다.

❷ 큰 틀에서 공감할 수 있는 상대의 의도, 목적 등을 생각해보자.

❸ 상대의 목적을 더 효과적으로 실현할 방법을 제시해볼 수 있다.

후퇴하는 모습이 질서정연해야 한다

"이런 식으로 교육 프로그램을 진행하되, 한 세션에 30명씩 세 번 세션을 진행하면 대상자 전원을 교육할 수 있습니다."

"그렇군요…… 그런데 조 사원님, 현재 방역 지침에서 30명 집합 교육이 가능한가요?"

윤 부장의 질문에 조 사원의 손에 다시 땀이 나기 시작한다. 그렇지 않아도 제대로 확인하지 못해 마음에 걸렸던 부분이다.

"제가 알기로 30명까지는 가능하다고 했습니다. 기업 교육 목적일 경우에 그러한데…… 물론 접종한 사람 기준으로……."

"확실히 모르는 거지요?"

"네, 다시 확인해보겠습니다."

이 수치 하나 때문에 보고서를 다시 써야 한다니 힘이 빠진다. 보고서를 많이 고쳐야 하는 건 아닌지 막막하다. 이런 조 사원의 마음이 보이기라도 한 걸까? 윤 부장이 이어 말한다.

"조 사원님, 수고 많았어요. 우선 코로나 방역 센터 홈페이지에서 정확한 수용 가능 인원을 확인하세요. 수용 가능 인원에 따라 필요한 세션 개수와 세션당 인원, 교육 비용이 달라집니다. 그렇게 되면 전체 경비를 조정해야 하고, 강의실과 강사 일정도 추가해야겠네요. 안내문도 바꿔야 하고, 성과 검토 일정도 조정해야 하고요. 수치 하나가 변하면 이렇게 많은 게 바뀝니다. 조 사원님 시간을 아낄 수 있도록 꼭 기억하세요."

당신의 보고에 오류가 발견되었을 때

상대에게 근거를 제시해야 하는데 막상 말하려 하니 그 내용에 확신이 없다. 대략 짐작되는 숫자나 이유를 말한다. 그러면 상대방은 귀신같이 알아낸다. 꼭 그 부분을 질문한다. 이런 순간이 현장에서 가장 당황스러운 순간이다.

위기 상황에서는 우리가 숨기고 싶은 본연의 모습이 나온다. 많은 사람이 일단 그 순간을 피하려 한다. "아, 그 부분은 다시 확인해보겠습니다." 이렇게 말하고 그 현장을 일단 빠져나오려 한다. 상대방도 알겠다고 답한다. 그러나 이런 실수 하나가 당신에 대한 결정적인 평가가 되기도 한다.

이런 실수와 오류는 왜 생기는 것일까? 사실 누구나 실수를 한다. 실수의 원인을 찾자면, 우리가 인간이기 때문이다. 그런데 유독 실수가 반복되는 사람이 있다면 그에게는 반복되는 이유가 있을 것이다.

우선, 짐작으로 일하는 안 좋은 습관이 있는 경우다. 한두 번의 보고나 회의에서 짐작이나 들은 이야기로 업무를 진행해보면, 그는 자연스럽게 그다음 업무에서도 그와 같은 방식으로 일하려 한다. 그게 우리본성이다. 자료를 직접 확인하거나 검증하지 않고 머리로 생각하는 과정만으로 일하는 나쁜 습관이 생긴다. 그렇게 실수가 생기고 습관은쉽게 고쳐지지 않는다. 엄격한 선배 밑에서 업무를 제대로 배운다는것은 이런 습관 없이 정확한 절차를 거쳐 일한다는 것을 의미할 수도있다.

또는 평소 집중하기 어려운 상황에 놓인 것일 수도 있다. 지나치게많은 잡무, 어수선한 주변 환경, 여기저기서 부르는 사람들과 전화 등등······. 이런 환경에 있다면 집중하기 어렵고 실수가 나오는 게 당연하다. 업무 환경을 바로잡아야 한다.

실수를 바로잡는 과정이 더 중요하다

전쟁에서 가장 조심해야 하는 순간은 후퇴하는 순간이다. 후퇴할 때전열이 흐트러지면 우리 편의 피해가 걷잡을 수 없이 커진다. 오합지졸의 모습으로 물러가는 적은 상대에게 가장 좋은 먹잇감이다. 업무현장에서 실수가 있었고 잠시 후퇴해야 한다면, 물러가는 모습은 질서정연해야 한다. 그렇다면 비즈니스 현장에서 질서 있는 후퇴란 어떤 모습일까?

우선 잘못된 정보의 출처를 명확하게 해야 한다. 내가 언급한 정보가 인용된 정보라면, 인용의 출처를 정확히 밝혀야 한다. 타 부서나 동료에게 받은 정보라 해도 그 역시 출처를 명확하게 해야 한다. 책임을 남에게 미루라는 말이 아니다. 정보가 잘못된 원인을 명확히 해 향후 재발을 방지해야 한다는 말이다.

정확한 출처 없이 당신이 짐작한 내용이나 숫자를 말한 것이라면, 그에 대해서도 밝히고 그렇게 판단한 근거를 말하길 권한다. 과거 유사한 사례를 근거로 판단한 것일 수도, 여러 근거로 시뮬레이션해본 것일 수도 있다. 그게 무엇이든 설명을 해야 상대도 정확하게 판단할 수 있다.

마지막으로 향후 일정을 밝히자. 잘못된 정보 하나로 전체적인 내용도 달라질 수 있으니 그 자리에서 보고나 회의 일정을 다시 잡는 게 중요하다. 조직 차원에서 보면 한 사람의 보고가 맞고 틀리고보다 전체 업무를 앞으로 어떻게 진행할지가 더 중요하다. 다른 차질이나 방해가 생기지 않도록 일정을 논의하고 조정해야 한다.

우리 모두가 실수를 한다. 한 번의 실수에 기죽을 필요는 없다. 다만 실수가 잦아지지 않도록 문제를 돌아봐야 한다. 스스로 엄격해지지 않으면 상사와 동료가 당신에게 엄격해질 것이다.

X

"조 사원님, 현재 방역 지침에서 한 세션에 30명 집합 교육이 가능한가요?"

"제가 알기로는 30명까지는 가능하다고 했습니다. 아마 기업 교육이 목적일 때 접종한 사람을 기준으로……."

"정확히 모르는 거죠?"

"……다시 확인해보겠습니다."

Q

"조 사원님, 현재 방역 지침에서 한 세션에 30명 집합 교육이 가능한가요?"

"제가 알기로는 30명까지는 가능하다고 했습니다. 아마 기업 교육이 목적일 때 접종한 사람을 기준으로……."

"정확히 모르는 거죠?"

"죄송합니다. 방역 지침에서 기업 교육 인원을 몇 명까지 허용하는지 확인하고 교육 기간, 회차, 강의실 등 관련 정보를 보완하겠습니다. 내일 오전 중으로 다시 보고드려도 될까요?"

❶ 보고 중 중요한 정보를 빠뜨리는 등 문제가 생겼을 경우 어떻게 보완할 것인지 정확히 설명한다.

❷ 보완으로 영향받을 수 있는 다른 부분도 확인한다.

❸ 재보고 등 향후 일정을 정한다.

"지금까지 논의를 정리하겠습니다"

'윤 부장님의 말에는 어떤 힘이 있기에 사람들이 그 말에 다 움직이는 걸까?'

고객사와 회의 중이지만 조 사원은 윤 부장의 말과 행동을 유심히 본다. 그가 오늘 이런 생각에 빠진 데는 몇 가지 이유가 있었다.

회의 초반, 고객사 간부가 자녀를 등교시키기가 쉽지 않다는 가벼운 이야기를 하고 있었다. 그 이야기를 경청하던 것처럼 보이던 윤 부장이 이렇게 이야기했다. "차장님 얘기에 너무 공감되네요. 자, 그럼 다시 본론으로 돌아가서, 이번에 개발할 교육 프로그램의 납기는 어떻게 될까요?" 이 한 마디에 모든 사람이 다시 진지한 회의 모드로 돌아왔다.

고객사가 원하는 기한을 맞추기 어려워 갑론을박이 이어지고 회의 분위기가 어수선해졌을 때도 윤 부장이 나섰다. "오늘 정말 다양한 이야기가 나왔네요. 모두 감사합니다. 지금까지 나온 것을 한번 정리해보겠습니다." 그랬더니 모든 사람이 윤 부장을 주목했다. 의견을 다시 조

율하자는 분위기가 됐다.

조 사원이 이런 생각을 하고 있을 때 회의가 시작한 지 한 시간이 지났다. 더 이상 새로운 이야기가 나오지 않고 같은 이야기가 반복되는 것 같다. 어김없이 윤 부장이 입을 연다. "충분한 논의가 된 거 같네요. 더 하실 말씀이 있을까요?" 고객사 간부가 오늘 논의가 보람 있었다며 만족스러운 미소를 짓는다. 이제 끝난 건가 싶었는데 윤 부장이 고개를 끄덕이며 한 마디를 더한다. "결론을 맺겠습니다." 오늘 논의한 이야기들을 다시 한번 정리한다.

생각해보면 내부 회의에서도 신선한 아이디어는 주로 김 대리에게서 나온다. 그런데 회의는 매번 윤 부장을 중심으로 진행된다. 윤 부장이 진행하는 회의는 매끄럽고 시작과 끝이 명확하다. 그가 특출한 아이디어를 내는 것도 아닌데 회의가 끝난 후 조명은 윤 부장이 받는다.

발산형과 수렴형

회의를 해보면 두 가지 유형의 사람이 보인다. 어떤 사람은 새로운 아이디어를 잘 내놓고, 어떤 사람은 이야기를 깔끔하게 잘 정리한다. 앞의 유형을 '발산형'이라고 한다면, 뒤의 유형은 '수렴형'이라 할 수 있겠다. 두 유형은 서로 부담스러워하며 은근한 긴장감과 갈등을 유발하기도 하는데, 사실 우리 현장에는 이들이 모두 필요하다. 우리는 모두 발산형이자 동시에 수렴형으로 일해야 한다.

발산형 사람이 보기에 업무를 진행하는 사람은 자신들이다. 어려움에 봉착한 상황을 뚫고 새로운 가치를 만들어내는 것은 창의적인 아이디어이기 때문이다. 대체로 자신들이 새로운 아이디어를 내놓고, 그러다 보니 책임도 본인 몫이다. 이들은 수렴형 사람이 아이디어와 열정이 부족하다고 느낀다. 수동적이고 일이 안 되는 이유만 찾는 것 같다.

수렴형 사람에게도 업무를 진행하는 사람은 자신들이다. 회사 업무는 아이디어 하나로 해결되지 않는다. 조직적이고 체계적으로 진행해야 한다. 과정을 제대로 지키려면 회의 하나를 하더라도 깔끔하게 정리하고 공유하는 등, 약속된 절차가 중요하다. 또 이들이 보기에 발산형 사람이 내는 아이디어는 그렇게 뛰어난 것 같지도 않다. 조금만 생각해보면 약점이 많고 실현 불가능한 게 대부분이다.

현장에서는 수렴형 사람이 선호 받는다. 일단 업무를 맡기면 실수가 적고, 언제나 일정 수준 이상의 결과물을 가지고 오기 때문이다. 그러나 커리어를 길게 보면, 누구나 발산형이 돼야 할 때가 있다. 마케팅과 영업 같은 직군은 말할 나위도 없고, 심지어 재무 직군에서도 임원이나 경영자가 되려면 반드시 나만의 아이디어, 나만의 생각이 필요할 때가 온다.

다시 현장으로 돌아오자. 발산형과 수렴형 동료가 함께 모인 회의실에서 아이디어를 넘치게 얻으면서도 진행과 정리를 깔끔하게 하려면 어떻게 해야 할까?

약속된 언어의 힘

문학 작품의 글쓰기에서는 신선한 표현이 중요하지만 우리 업무 현장에서는 약속된 표현이 필요하다. 약속된 언어가 나오면 말하는 사람과 듣는 사람 모두가 자연스럽게 이어질 내용을 떠올린다. 이 생각이 준비되면 이야기가 엉뚱한 곳으로 새지 않고, 명쾌하게 진행되며, 이해하기가 쉽다. 이런 표현의 예시를 살펴보자.

✔ **보고나 회의를 여는 말: "지금부터 오늘의 주제를 토의하겠습니다."**

듣는 사람에게 앞으로 전개될 내용을 짐작하고 집중하게 하는 힘이 있다. 동시에 말하는 사람에게도 본격적으로 시작하겠다는 출발 신호의 역할을 한다.

✔ **주의를 환기하는 말: "본론으로 돌아가겠습니다."**

곁길로 빠진 회의 내용을 중심 내용으로 돌아가게 한다. 마음에 긴장을 준다.

✔ **핵심을 정리하는 말: "요약하자면……."**

회의하다 보면 무질서하게 많은 의견이 쏟아져 나올 때가 있다. 어쩌면 참가자들의 참여도가 가장 높은 순간일 수도 있다. 그러나 이때도 누군가는 질서를 잡아야 한다. '요약하자면'이라는 말을 듣는 순간 참석자들은 현재 대화가 다소 무질서하게 진행되고 있다는 사실을 깨닫는다. 핵심을 정리해야겠다는 공감대가 형성된다.

✔ **보고나 회의를 마무리하는 말: "결론을 맺겠습니다."**

'결론'이라는 말을 들으면 이제 대화가 마무리되겠다는 생각에 사람들은 긴장을 한다. 결정된 내용을 정확히 이해하고 수행해야 한다는 책임감이 생긴다.

당신은 아이디어 발산형인가? 그렇다면 여기 약속된 몇 개의 문장들을 사용해보길 추천한다. 기발한 아이디어 생산자이면서 동시에 아이디어를 현실화하도록 깔끔하게 정리하는 능력자가 될 것이다.

당신은 아이디어 수렴형인가? 회의 시간에 동료가 얼토당토않은 이야기를 하더라도 너그러운 마음을 가졌으면 한다. 깔끔하게 깔아놓은 판 위에 기발한 아이디어가 쏟아지는 것을 상상해보라. 당신의 보람이 될 수 있다.

보고의 다음 단계는 무엇인가

"조 사원님, 수고 많았습니다. 고객사 요청을 모두 반영했네요."

조 사원은 마음이 흡족하다. 지난 며칠 고민하며 작성한 교육 기획서가 빛을 보고 있다. 조 사원은 기분 좋게 윤 부장에게 인사하고 돌아선다. 그런데 그 순간 윤 부장이 다시 부른다.

"잠깐만요, 조 사원님. 이제 다음 단계가 뭐죠?"

"네?"

조 사원은 어리둥절해져서 돌아본다. 두 사람 사이에 잠깐 침묵이 흐르고, 결국 윤 부장이 먼저 입을 연다.

"이 기획서를 고객사 담당에게 보내서 언제까지 피드백을 줄 수 있는지 확인해주세요. 기획안 내용 중 협의를 마친 일은 바로 실행해도 되겠죠? 교육실 예약이 제일 급한 것 같은데요. 내일까지 확정해서 보고해주세요."

윤 부장의 말을 이제야 이해한 조 사원은 억울해진다. 지금 말하는 건 당연히 해야 할 일들 아닌가. 조 사원의 표정을 살핀 윤 부장이 한마디를 덧붙인다.

"내가 조 사원님이 뭘 하려 했는지 다 알 수는 없어요. 꼭 말로 표현해주세요."

말하지 않았는데 알 수는 없다

업무 현장에서 의사소통은 왜 실패하는 걸까? 놀랍게도 대부분이 말을 하지 않아 발생한다. 내가 말하지 않아도 상대방이 이미 알고 있으리라 가정할 때 실수가 생긴다.

가정이 맞는 집단도 있다. 그런 집단은 서로 눈빛만 봐도 알 수 있을 정도로 척척 맞는 호흡을 자랑하는 팀이다. 그러나 대부분 업무 현장은 그렇지 않다. 단순 공정을 반복하는 일이 아니라 수시로 달라지는 자료와 복잡한 정보를 다루는 현장에서는 서로 눈빛을 본다고 의사소통이 되진 않는다. 정도의 차이가 있겠지만 실패할 확률이 크다. 현장에서 '가정'은 상당한 위험을 초래한다.

그럼에도 우리는 왜 상대방이 내 생각과 계획을 알고 있으리라 가정할까? 아마도 몇 번 예상한 대로 업무가 진행됐기 때문일 것이다. 그런 경험을 해본 사람은 정확한 의사소통과 상호 확인이라는 절차를 생략해도 별다른 문제가 없으리라 생각한다.

어떤 사람은 상대에게 명확히 "무엇을 해주세요"라고 요청하는 일을 어려워한다. 분명한 어조로 뭔가 요청할 때 상대가 이를 명령으로 인식하고 기분이 상하거나 상처받을까 두려워하는 것이다. 이런 걱정을 지나치게 하는 사람은 의사소통에 계속 실패하는 악순환에 빠지기 쉽다.

우리가 기억할 것은 업무 현장에서 이뤄지는 대화의 최종 결과물은 실행Action Item 이라는 것이다. 비즈니스 현장은 문제를 파악하고 새로운 아이디어를 찾아내는 데서 그치지 않는다. 무엇인가 실천하고 결과가 나왔을 때 우리는 새로운 가치를 만들 수 있다. 무엇을 실행할지 명확하게 정리하지 않는 현장의 대화는 핵심적인 결론을 빠뜨렸을 가능성이 높다. 이것은 곧 의사소통의 실패다.

그래도 일은 계속된다

업무 현장에서 벌어지는 일의 속성은 '계속 진행된다는 것'이다. 분석을 통해 계획하고, 그에 따라 실행하고, 결과를 다시 분석하고, 이를 바탕으로 다시 계획하는 식이다. 보고서 하나, 기획서 하나로 끝이 아니다. 이 흐름을 이해하지 못하고 지시에 따라 주어진 일만 하는 사람은 보고서나 기획서를 완성한 순간 그 일 끝났다고 생각한다. 하지만 대부분 보고서나 기획서는 한 번에 확정되지 않고 피드백을 거치는 무한 순환을 겪는다.

등산을 즐기는 사람은 안다. 등산에서 가장 지치는 순간은 산 정상에 오른 줄 알았는데 눈앞에 더 높은 봉우리를 발견했을 때다. 우리 현장도 마찬가지다. 며칠을 고민해 보고서와 기획서를 가지고 가는 순간 마음은 설렌다. 이제 곧 자유와 휴식이 찾아오겠구나 하는 기대감이 크다. 하지만 기대감은 곧 좌절감으로 바뀐다. 보완해야 할 사항이 무더기로 생기기 때문이다. 보고서나 기획서에 흠이 없는 경우도 있지 않을까? 그때는 상사가 또 다른 업무를 준다.

보고서나 기획서를 완성해 보고하러 가는 그 길에 이런 계획을 세우자. 보고서 자체에 수정할 게 많을 수 있다는 것을 예상하자. 그렇다면 언제까지 수정해서 다시 보고할 수 있을지 생각해보자. 며칠을 공들여 작성한 보고서가 상사의 결재를 통과하지 못하더라도 좌절감을 훨씬 적게 느낄 것이다.

만약 한 번 혹은 여러 번 수정을 거쳐 당신의 보고서에 상사가 만족했다면 당연히 다음 과제를 예상하자. 처음 작성한 게 기획서였다면 이제 실행을 준비해야 하고, 그다음에는 결과 보고서가 있다. 지금 하는 일이 업무의 끝이 아니라는 사실을 받아들인다면 새로운 일을 받았을 때 훨씬 가벼운 마음으로 시작할 수 있다.

같은 이유로 보고나 회의 자리를 마무리할 때는 다음 보고나 회의 일정을 정하고 그때까지 해야 할 과제를 명확히 언급해야 한다. 회의와 보고가 필요할 때가 곧 다시 찾아올 것이기 때문이다.

"수고 많았습니다. 고객사가 요청한 내용이 모두 반영됐네요. 이제 다음 단계가 뭐죠?"

"네? 저는 보고서를 쓰라는 지시만 받았는데요."

"조 사원님, 보고서가 최종 결과물은 아니잖아요. 그다음 무슨 일을 할지 액션 아이템이 있어야죠."

0

"수고 많았습니다. 고객사가 요청한 내용이 모두 반영됐네요."

"감사합니다. 그럼 보고드린 내용을 고객사에도 보내겠습니다. 피드백이 오면 부장님과 대리님에게도 바로 공유하겠습니다."

"그래요, 부탁할게요. 고객사 피드백에 따라 우리가 더 대응할 게 있을지도 모르니 잘 전달해주세요."

❶ 보고가 끝났다고 일이 끝나는 것이 아니다.

❷ 보고에 따라 후속 조치가 있으며. 그 결과 또한 다시 보고해야 한다.

❸ 업무의 모든 과정은 또 다른 업무 혹은 보고로 연결된다는 것을 명심하자.

일잘러가 보고서 쓰는 법

당신의 보고서가 곧 당신 자체다

직장에서 우리는 아이디어와 회의, 보고, 실행 등 모든 과정을 문서로 작성한다. 기본적으로 문서는 지식 노동의 최종 상품이다. 같은 내용이라도 깔끔하게 작성하는 사람이 더 좋은 평가를 받는다. 비대면 사회에서는 더 말할 것도 없다. 문서가 직장인의 최종 상품이라면 이 상품은 마땅히 어떤 모습을 갖춰야 할까?

모든 상품은 고객을 위해 만들어진다. 문서 역시 잘 작성됐는지 아닌지 평가하는 주체는 해당 상품의 고객, 즉 상사나 동료 직원들이다. 문서는 이들이 필요로 하는 정보를 줘야 하고, 궁금해하는 문제를 해결해줘야 한다.

상품 가치를 잃지 않으려면 누가 봐도 한눈에 이해하기 쉽게 작성해야 한다. 문서는 대부분 시간이 지나도 보관되고, 현장에 없는 다른 사람과 공유할 수도 있다. 문서의 1차 고객은 작성을 지시한 관리자지만 그 관리자 역시 다른 사람에게 이를 공유하거나 보고하기 때문이다.

어떤 문서는 처음부터 다수에게 공유할 목적으로 작성된다. 그래서 비즈니스 문서는 누가 보더라도 동일한 의미로 해석되도록 쉬운 언어, 약속된 언어와 기호를 사용해야 한다.

또 문서에는 작성자의 '차별화된 생각'을 담아야 한다. 문서 작성이라 하면 먼저 '쓴다'는 행위를 떠올리는 사람들이 있다. 하지만 쓰는 행위 이전에 '무엇을 쓸 것인가'라는 고민이 전제돼야 한다. 문서 가치의 대부분이 여기서 나온다. 즉 문서는 '특정 고객을 위해 가치 있는 생각을 알기 쉽게 전달하는' 소통 방식이다.

허술한 보고서는 곧 당신의 뒷모습

비즈니스는 기본적으로 수많은 문서 작업을 수반한다. 우리는 직접 만나 의견을 전할 수 있는 몇 명의 규모를 넘어, 문서를 통해 수십 수백 수천의 사람과 함께 일한다. 현장에서 육성으로 말을 전하는 대신, 글로 정리한 보고서나 기획서로 더 많은 사람과 협업할 기회가 생긴다는 뜻이다.

이는 우리가 작성한 문서가 곧 우리 얼굴이 된다는 의미이기도 하다. 시작하는 말이나 차례만으로도 한 사람의 평가 전체가 달라질 수 있다. 그래서 문서에는 혼을 담아야 한다고 강조하는 선배들이 있었다. 그들은 문장 하나와 제목 하나의 선택에도 민감했다. 누군가는 보고서 형식이나 맞춤법만 본다고 혹평할지 모르겠지만 그들이 강조한 형식,

즉 기호와 양식 등의 문서 틀을 잘 활용하면 실제로 좋은 결과가 나올 때가 많다! 이제부터는 우리는 웃게도 하고 울게도 하는 그 문서에 관해 이야기해보려 한다.

핵심을 보여주는 제목의 구성

윤 부장이 아침부터 김 대리와 조 사원을 불렀다.

"어제 경영자 포럼에서 새로운 교육 사업 모델을 발견했는데요. 기존 교육 방식에 AI를 접목해 학습자를 맞춤형으로 돕는 서비스입니다. 이미 학교 교육에서는 보편적인 교육 방식인 거 같은데, 이 방식을 기업 교육에 접목할 수 있을까요? 조 사원님이 보고서를 준비해주고, 김 대리님이 옆에서 좀 도와주세요."

자리로 돌아온 조 사원은 지금까지 배운 프레임을 활용해보자고 생각한다. PEST 분석과 SWOT 분석을 이용해 시장의 전체적인 상황과 주요 경쟁사를 조사할 계획이다. 조 사원은 김 대리에게 중간 점검을 받기 전에 우선 문서의 핵심 제목과 기본 목차를 작성한다.

제목: AI를 활용한 기업 교육 서비스(가칭 AE) 사업 추진안

1. 목적　2. SWOT 분석　3. 추진 방안　4. 추진 일정

조 사원은 '아. 내가 많이 성장했구나' 하는 뿌듯함을 느낀다. 그런데 마침 옆을 지나가던 김 대리가 고개를 갸웃한다.

"조 사원. 윤 부장님이 시킨 일은 이게 아닌데요? 짜장면을 시켰는데 짬뽕을 만들고 있네요."

제목 작성법 ① 과제에서 시작한다

제목을 어떻게 써야 하는지부터 이야기해보자. 당신이 중국집에 들어가 짜장면을 시켰다. 그런데 종업원이 짬뽕을 내왔다. 그래서 종업원에게 "어? 저는 짜장면 시켰는데요?" 물어보니 종업원이 이렇게 말한다.

"손님. 이게 모양은 짬뽕인데 드셔보시면 짜장면입니다."

손님은 황당해할 것이다.

제목도 마찬가지다. 잘 쓴 제목은 내가 요구한 과제를 잘 수행했음을 한눈에 알게 해준다. 응당 와야 할 제품이 제대로 도착했다는 것을, 주문 사고가 없었음을 보여준다. 그렇다면 주문 사고를 내지 않으려면 어떻게 제목을 작성해야 할까?

먼저 문서 제목은 상대방이 요구한 과제에서 시작해야 한다. 보고서를 쓰기 전에 상대방이 가장 중요하게 생각한 질문이 무엇인지부터 정리해보자. 그리고 그 질문과 관련해 제목을 작성해야 한다.

예를 들어보자. 상사가 "현재 운영위원회 구조에 문제가 있는 거 같은데, 어떻게 개선할 건가요?"라고 묻는다면 어떨까? 당연히 보고서 제목은 '운영위원회 운영 구조 개선 방안'이어야 한다. 제목을 보는 순간 이 보고서가 운영위원회를 어떻게 개선하고자 하는지 제안하는 내용임을 직감할 수 있다.

이런 식으로 제목을 작성하면 정말 쉽다. 다음 제시된 질문이라면 이렇게 보고서를 작성하면 좋을 것이다.

Q. 생산 라인을 어떻게 개선해야 할까요?

→ A. 생산 라인 개선 방안

Q. 생산 라인을 개선해야 할까요?

→ A. 생산 라인 개선 검토 보고

Q. 신규 공급선의 원자재 품질이 어떤가요?

→ A. 신규 공급선 원자재 품질 검수 결과 보고

Q. 아빠, 나 이 남자랑 결혼해도 돼?

→ A. ○○○군 배우자 적격 여부 검토 결과

제목 작성법② 명확하게 쓴다

한발 더 나아가 제목을 구체적으로 쓰기를 제안한다. 상대방에게 정확한 메시지를 전달하고 싶다면, 제목을 보는 순간 그 안에 담긴 내용이 이해되도록 정확하고 구체적으로 써야 한다.

예를 들어 단순히 '교육 훈련 기획'이라는 제목보다는 '○○년도 대졸 신입사원 교육 훈련 기획'이 더 좋은 제목이다. 또 이번 대졸 신입사원 교육은 이전과 달리 특별한 콘셉트가 있다면 'MZ세대 특성을 반영한 ○○년도 대졸 신입 교육 훈련 기획'으로 쓸 수도 있다. 상사가 최근 입버릇처럼 신입 직원의 조기 정착과 조기 전력화를 말하고 있다면 '신입 직원 조기 전력화를 위한 ○○년도 대졸 신입 교육 훈련 기획'이라 쓸 수 있다.

다른 예도 들어보자. 당신이 중국 출장을 다녀왔다. 만약 당신의 출장 보고서 제목이 '중국 출장 보고서'라면, 잘못된 보고서는 아니지만 상사의 눈길을 잡아둘 순 없다. 그보다 출장의 핵심 내용을 전달하는 '○○ 부품 수급 안정화 협의를 위한 중국 출장 보고'라고 쓴다면 어떨까? 아무리 바쁘더라도 상사는 바로 읽을 것이다.

제목 작성법③ 결구를 잘 써라

흔히 결구는 시나 편지 등에서 끝을 맺는 글귀를 말한다. 한 문장밖에 되지 않는 제목에서도 마지막 부분에 어떤 단어로 끝맺는가로 문서 성격을 정확하게 정리할 수 있다.

제목에서는 마지막 단어까지 명확하게 쓰자. '방안' '검토 결과' '통지' '안내' '전략' '보고' 등의 단어를 제목 끝에 붙이면 상대는 제목을 읽자마자 이 문서의 전체적인 구조를 파악할 수 있다.

현장 문서 클리닉

조 사원은 어떻게 제목을 써야 했을까? 윤 부장의 질문을 다시 생각해보자. 윤 부장은 조 사원에게 'AI를 우리 교육에 접목할 수 있을까?'를 물었다. 그렇다면 윤 부장이 기대한 보고서에는 '사업 추진이 타당합니다' 또는 '타당하지 않습니다'는 결론이 나와야 한다. 즉 조 사원이 써야 하는 보고서의 제목은 '사업 추진안'이 아니라 '사업 추진 타당성 검토 보고'여야 한다. 윤 부장은 조 사원에게 사업 추진안을 맡긴 적이 없다.

CORE Lesson

제목에는 상대가 요구한 핵심 과제를 반영해 작성해야 한다. 명확한 메시지가 들어가 있으면 더욱 좋다.

한 장 요약 보고서의 스토리라인

조 사원이 드디어 검토 보고서 작성을 마쳤다.

"대리님. 윤 부장님에게 드릴 보고서 초안입니다. 한번 검토해주시 겠어요?"

정말 열심히 조사해 만든 보고서다. 조 사원은 떨리는 마음으로 김 대리의 반응을 기대한다. 칭찬은 아니더라도 수고했다는 말 정도는 들 을 수 있지 않을까?

"직접 현장을 발로 뛰며 모은 자료입니다."

보고서를 읽은 김 대리는 천천히 고개를 끄덕인다. 차마 말로 하진 못하고 속으로 생각한다.

'이거 정말 발로만 뛴 거 같은데⋯⋯?'

AI를 활용한 기업 교육 서비스(가칭 AE) 타당성 검토 보고

1. 목적: AE 사업 관련 입체적 환경 분석을 통해 추진 타당성 검증.

2. 주요 검토 사항: 내외부 분석을 위해 SWOT, 3C 분석 틀 활용.

① AE 시장 성장률이 성장기. 연평균 성장률 15퍼센트. 특히 비대면 시대에 급격한 성장세.

② 경쟁 양상에 별다른 특색은 없음. 특별 서비스 시스템을 개발하기보다 기존 콘텐츠를 활용한 방식으로 서비스 제공 중.

③ 현재 시장은 업체 네 개사에서 35퍼센트 점유, 기타 다양한 소규모 업체가 65퍼센트 차지.

　※ A사(11퍼센트), B사(9퍼센트), C사(8퍼센트), D사(7퍼센트)

④ 당사의 영업 채널/판매 채널 활용이 가능함

⑤ 당사의 경우 기존에 유사한 사업을 진행한 이력이 있음. 해당 인력 활용 가능.

⑥ 고객들은 브랜드보다 기능 중시. 특히 해당 서비스에서는 속도와 편의성을 중요하게 생각.

⑦ 시장의 잠재 규모가 큼. 미국과 영국 사례를 검토해보면 고객 인식 장벽이라는 임계점을 넘는 순간 급격히 수요가 증가.

⑧ 당사의 경우 기존 사업 호황으로 당분간 현금 유동성에 여유 있음. 초기 투자 여건 좋음.

⑨ 고객들은 당사 이미지와 해당 서비스에 강한 연관성을 느낌.

　(P사 임원 인터뷰/S사 담당자 인터뷰)

3. 검토 결과: 내외부 환경 측면에서 AE 사업의 추진이 타당함.

1분 안에 목차를 만드는 원리

문서에도 스토리라인이 필요하다. 독립된 정보들만으로는 문서를 작성할 수 없다. 결론이 나오기까지 각 정보를 연결하는 논리가 필요하다. 잘 쓴 문서는 논리의 흐름이 물 흐르듯 자연스럽다. 각각의 정보가 왜 여기 위치했는지 의아해하지 않고 읽어갈 수 있다.

반면 스토리라인이 잘못 구성되면 읽기가 힘들어진다. 앞에서 언급된 예시가 뒤에서 다시 나오고, 또 바로 앞에서 한 이야기가 뒷이야기와 연결되지 않는다고 해보자. 인상 깊은 내용이 되긴 힘들 것이다. 그래서 문서를 쓰려면 먼저 전달하고 싶은 이야기에 자연스러운 흐름을 만들어야 한다. 우리는 이를 스토리라인, 또는 목차라고 한다.

그렇다면 목차는 어떻게 구성하는 게 좋을까? 몇 가지 핵심 원리만 이해하면 쉽게 만들 수 있다.

✓ **1원리: 문서는 상사의 질문에 대한 작성자의 답이다.**

비즈니스 현장에서 상대는 무언가 질문을 가지고 있기 때문에 우리에게 문서를 요청한다. 실무자는 그 질문에 답해야 한다.

✓ **2원리: 정보가 여러 개라면 이를 몇 개의 그룹으로 묶는다.**

같은 이야기는 하나의 그룹으로 만들어줘야 상대가 이를 연결해 이해하기가 쉽다. 어떤 문제의 예시를 이야기하다가 그 문제가 발생한 배경을 이야기하고, 다시 다른 예시로 연결되는 진행을 좋아할 상사는 없다.

하나하나 띄엄띄엄 이해하며 읽어야 하기 때문이다.

✓ **3원리: 각각의 내용에는 논리적 순서가 있어야 한다.**

생각나는 순서대로 글을 쓰는 게 아니라 중요도, 시간 순서, 인과관계 등, 누가 봐도 납득할 수 있는 흐름을 만들어야 한다.

1분 안에 목차 만들기 실전

금년도 본부 워크숍을 기획하라는 지시가 있었다. 어떻게 스토리라인을 만들 수 있을까? 우선 상사가 궁금해할 질문을 적어보자.

워크숍이 언제 어디서 열리는지, 비용은 얼마나 드는지, 방향성이 무엇인지, 일정은 구체적으로 어떻게 되는지, 밥은 무엇을 먹는지, 수많은 질문이 떠오른다. 이런 내용을 연관성이 높은 내용끼리 묶어 정리한다. 그리고 정보의 중요도 순서대로 차례를 만든다.

✓ 워크숍은 언제, 어디서 열릴까. 어떻게 이동할까.

✓ 이번 행사의 방향성은 무엇일까.

✓ 행사 일정이 어떻게 될까.(식사 메뉴가 뭘까.)

✓ 예산이 얼마일까.

간단히 생각해도 이런 흐름이 나온다.

그렇다면 다음과 같이 바로 목차를 구성할 수 있다.

✔ 워크숍은 언제, 어디서 열릴까. 어떻게 이동할까. → 본부 워크숍 개요

✔ 이번 행사의 방향성은 무엇일까. → 추진 방향

✔ 행사 일정이 어떻게 될까.(식사 메뉴가 뭘까.) → 워크숍 세부 일정

✔ 예산이 얼마일까. → 예산 계획

이런 질문도 던질 수 있다. 워크숍 방향을 왜 이렇게 잡았는지(요구 분석 및 시사점 도출) 비가 내리거나 날씨가 나쁘면 어떻게 할 것인지(리스크 대책) 등을 말이다. 이렇게 고민한 보고서의 목차는 다음과 같다.

제목: 본부 영업 목표 달성 워크숍 기획안

1. 워크숍 개요

   행사 목적/일시/장소/인원/이동 계획

2. 추진 방향

   주요 요구 분석 및 시사점 도출/행사 추진 방향

3. 세부 일정

4. 예산 계획

5. 리스크 대책

현장 문서 클리닉

조 사원은 보고서를 다시 정리한다. 윤 부장님의 핵심 질문은 'AE 사

업을 하는 게 타당할까?'였고, 이에 따라 다음과 같은 스토리라인과 보고서를 만들 수 있을 것 같다.

✔ Q1. 전체적인 시장 상황이 어떨까?

✔ Q2. 기존 진입 업체들은 어떤 상황일까? 그밖에 다른 경쟁사도 있을까?

✔ Q3. 우리 회사가 해당 시장에 진입할 여력이 있을까?

✔ Q4. 앞으로 어떻게 하는 게 좋을까?

AI를 활용한 기업 교육 서비스(가칭 AE) 타당성 검토 보고

1. 목적: AE 사업 관련 입체적 환경 분석을 통해 추진 타당성 검증

2. 입체적 환경 분석

    1) 시장 성장성 분석 (1번, 7번, 6번)

    2) 경쟁 강도 분석 (2번, 3번)

    3) 당사 경쟁력 분석 (4번, 5번, 8번, 9번)

3. 검토 결과

CORE Lesson

문서는 상사가 묻고, 내가 대답하는 것이다. 각 질문의 순서를 짜서 그에 맞게 답을 제시하자. 1분 안에도 목차를 구성할 수 있다.

가장 궁금해하는 질문의 답을 두괄식으로

조 사원은 뿌듯함을 감출 수가 없다. 보고서가 점점 발전해가는 게 눈에 보인다. 김 대리도 조 사원이 내민 보고서 목차를 보더니 눈이 반달이 된다. 흐뭇한 표정으로 칭찬한다.

"조 사원, 정말 잘했네요. 이제 한 가지만 고치면 되겠어요."

"무엇을 고치면 될까요?"

조 사원의 눈도 반짝인다.

"보고서는 두괄식이 좋을까요? 미괄식이 좋을까요?"

"당연히 두괄식이죠."

조 사원이 힘차게 고개를 끄덕이며 자신의 보고서를 다시 본다. 결론이 가장 밑에 내려가 있다.

"아……미괄식이네요."

결론이 늦으면 오해를 받는다

글은 두괄식으로 써야 한다는 말은 많은 직장인이 신입사원 때부터 들었을 것이다. 도대체 두괄식으로 쓰지 않으면 무슨 큰 문제라도 생기는 걸까?

우리 뇌는 열심히 생각해서 꼼꼼히 읽고 이해하는 것을 좋아하지 않는다. 이런 활동은 많은 에너지를 소모하기 때문이다. 일반적으로 우리가 만나는 상사는 정말 바쁘다. 실무자가 구체적으로 무엇을 하고 있는지는 잘 모른다. 보고서의 결론을 쉽게 이해할 수 없으면 작성자의 의도와 상관없이 앞부분만 읽고 '이거, B라고 말하는군' 하고 단정하기 쉽다. 분명 실무자는 '그래서 결론은 A입니다'라고 적었는데, 상사는 "김 대리는 B라고 주장하는데, 난 동의하지 않아요"라고 말하는 것이다. 두괄식을 못 쓰면 이렇게 억울한 일이 발생한다.

그렇다면 어떻게 두괄식을 써야 할까? 아무리 두괄식이 중요하다지만 실제로 보고서 제목 밑에 바로 '결론'이라고 쓰면 정신 나간 사람 취급을 받을 수도 있다. 이 문제를 해결하려면 결론을 '상사가 궁금해하는 답을 먼저 요약한다'고 정의하면 된다. 보고서 제목 아래에 '결론'이라 적는 게 아니라 '요약'이라 적는 것이다.

요약의 세 가지 패턴

두괄식으로 문서를 작성하는 패턴은 크게 세 가지가 있다.

우선 별도의 목차를 통해 전달하는 방식이다. 상사가 '시장 상황이 어떤가요?'라는 질문을 던졌다고 해보자. 그렇다면 우리는 시장 상황에 대한 보고서를 쓸 것이다. 이때 결론으로 '시장 상황 요약'이라는 목차를 만들고, 이를 문서 첫 장에 앞세워 정리하면 좋다. 만약 상사가 '워크 다이어트를 어떻게 할 건가요?'라는 과제를 줬다면 '이렇게 하겠습니다'라고 답하는 것이기에 '추진 방향' 또는 '추진 개요'와 같은 목차를 앞세워 결론을 전달할 수 있다.

두 번째는 문서 앞에 별도로 결론을 정리하는 공간을 만드는 방법이다. 대괄호 또는 별도의 글 상자를 만들어 결론이 한눈에 보이게 전달하는 방법이다.

세 번째는 전체 내용을 압축해 전달하는 방법이다. 내용이 복잡하고 길 때는 짧게 한 항목으로 정리하기 어렵다. 이 경우 문서 전체 내용을 압축해 보고용 요약Executive Summary이라는 형태로 쓸 수 있다.

어떤 방법을 사용하든 한 가지만 기억하자. 보고서의 첫 장을 넘기기 전에 상사가 문서의 핵심을 이해해야 한다.

현장 문서 클리닉

조사원은 김 대리의 설명대로 보고서를 수정한다. 별도의 보고용 요약을 만들기에는 보고서 내용이 짧다. 그래서 별도의 항목을 만드는 방법과 대괄호를 쓰는 방법 두 가지로 내용을 구성한다.

AI를 활용한 기업 교육 서비스(가칭 AE) 타당성 검토 보고

1. 목적: AE 사업 관련 입체적 환경 분석을 통해 추진 타당성 검증

2. 검토 결과:

3. 입체적 환경 분석

   1) 시장 성장성 분석 (1번, 7번, 6번)

   2) 경쟁 강도 분석 (2번, 3번)

   3) 당사 경쟁력 분석 (4번, 5번, 8번, 9번)

4. 추후 진행 방향

AI를 활용한 기업 교육 서비스(가칭 AE) 타당성 검토 보고

[
                         검토 결과 요약
]

1. 목적: AE 사업 관련 입체적 환경 분석을 통해 추진 타당성 검증

2. 입체적 환경 분석

   1) 시장 성장성 분석 (1번, 7번, 6번)

   2) 경쟁 강도 분석 (2번, 3번)

   3) 당사 경쟁력 분석 (4번, 5번, 8번, 9번)

3. 추후 진행 방향

김 대리가 조 사원을 격려하듯 어깨를 두드린다.

"고생했어요. 윤 부장님은 별도의 대괄호를 사용하는 방식을 선호하시니까 아래 방향으로 가죠."

CORE Lesson

두괄식은 결론을 먼저 전달하는 것이다. 두괄식을 써야 '오해받지 않는 메시지'를 전달할 수 있다.

보고서는 편지가 아니다

'그래! 보고서 첫 페이지에서 파악할 수 있게 쓰는 거야!' 자신 있게 시작한 조 사원은 얼마 지나지 않아 다시 고민에 빠진다. 일단 스토리라인에 맞춰 글을 쓰고 있긴 한데, 정말 이렇게 써도 되는 걸까? 아무리 생각해도 윤 부장님이 차근차근 읽을 것 같지 않다.

제목: 시장 분석

시장 상황은 성장기입니다. 특별히 비대면 시대에 급격한 성장세를 보이고 있습니다. 최근 5년간의 성장률이 15퍼센트에 달합니다.

시장의 잠재 규모도 큽니다. 미국과 영국 사례를 검토했을 때, 고객의 인식 장벽이라는 임계점을 넘는 순간부터 급격히 수요가 증가했습니다.

또 고객들은 기존 브랜드 충성도가 낮은 편입니다. 브랜드보다 기능을 중요하게 생각해, AE 서비스에서는 짧은 시간에 바로 접속할 수 있는 속도와 단순한 UI를 제공하는 편의성 등을 관심 있게 봅니다.

한눈에 흐름을 알 수 있어야 한다

문서를 작성할 때 '내 말을 글로 쓰면 된다'라고 생각하는 사람들이 있다. 그들은 정말 말하듯이 글을 쓴다.

그러나 말과 글은 다르다. 일단 말은 귀로 듣는다. 듣는 사람은 말하는 사람의 이야기를 들으며 하나하나 내용을 파악하고, 끝까지 들었을 때 상대의 의도를 모두 이해할 수 있다.

반면 문서는 눈으로 본다. 눈으로 처음과 끝을 동시에 살펴볼 수 있기에 보다 손쉽게 내용을 파악할 수 있다. 즉 보고받는 사람은 문서를 보는 순간 주요 내용이 무엇인지, 결론은 무엇인지 한눈에 파악하려 한다.

예를 들어보자. 기존 교육 제도에 문제가 있음을 지적하고 개선 방안을 제안하려 한다. 이 경우 왜 개선이 필요한지를 먼저 설명해야 한다. 그래서 다음과 같이 글을 작성했다. 어떠한가?

제목: 배경

시장의 상황으로 _____

_____

_____

_____ 을 제안함.

개선해야 할 이유를 촘촘하게 여러 가지 작성한 것으로 보인다. 그런데 이 상태에서는 읽는 이가 내용을 꼼꼼하게 공부하듯 읽어야 이유를 정확히 찾아낼 수 있다. 이 보고서를 한눈에 파악할 수 있게 다시 구성해보자. 어떻게 하면 좋을까?

일단 '배경'보다는 '개선 배경'이라는 제목으로 쓰는 게 좋겠다. 그래야 상대도 '문제를 개선해야 하는 이유가 여기 있구나' 하고 찾을 수 있다. 작은 카테고리라도 제목은 구체적으로 쓰면 좋다.

그다음 기호나 번호를 활용해 본문 내용을 끊어보자. 보는 사람이 개선 배경에 몇 가지 이유가 있는지 쉽게 알 수 있다.

세 번째로 각각의 문단에 핵심 단어를 넣자. 작성자가 어떤 논리로 문제를 이해하고 있는지 보여줄 수 있다.

마지막으로 들여쓰기를 이용하자. 들여쓰기는 상위 메시지와 하위 메시지의 연결을 구분한다. 시각적 장치를 도입하는 것만으로도 상대는 내용의 흐름, 메시지를 쉽게 파악할 수 있다. 다시 말하지만, 보고서는 글의 흐름을 보자마자 파악할 수 있도록 써야 한다.

제목: 개선 배경

- 시장: _____
- 경쟁: _____
       – _____
- 당사: _____
       – _____ 제안함.

좋은 문장은 간결한 답을 준다

문서를 한눈에 파악하기 위해 시각적 장치가 중요하다는 것을 알았다면, 이제 내용을 간결하게 쓰는 방식을 이해할 차례다. 좋은 문장은 상사가 내용을 쉽게 이해하도록 돕는다.

예를 들어 앞 사례에서 상사는 개선 배경을 정확히 알고 싶다. 그렇지만 현재 문서에는 핵심 키워드 몇 개만 있을 뿐이다. 이어지는 내용을 모두 읽어야 한다. 이는 간결한 문서가 아니다. 어찌 됐든 상대방은 모든 내용을 다 읽어야 하기 때문이다.

이 상태에서 상대의 이해를 도울 수 있는 방식이 있다. 바로 핵심 메시지를 요약해 상대가 한두 줄만 읽어도 궁금한 것을 바로 알게 하는 것이다.

가령 시장 측면에서 개선 이유로 '고객 눈높이가 높아졌고, 소비자가 수준 낮은 서비스를 받을 경우 이를 SNS로 공유하는 일이 일반화되고 있다'는 점을 말하고 싶다. 그렇다면 이 내용을 보다 구체적인 키워드나 문장으로 정리한다. '고객 눈높이의 고급화로 SNS를 통한 기업 서비스 평가 공유'와 같이 말이다. 핵심 단어인 '고객 눈높이 변화'라고 쓸 수도 있다. 이렇게 문장을 쓸 때는 주요 질문에 대한 답을 바로 제시해야 한다.

제목: 개선 배경

- 시장: 고객 눈높이 변화

    – _____

    – _____

- 경쟁: 경쟁사의 서비스 고도화와 점유율 확대

    – _____

- 당사: 전통 방식의 시스템 한계 노정

    – _____

    – _____ 제안함.

현장 문서 클리닉

　조 사원은 곰곰이 생각해 보고서를 다시 읽는다. 시장의 성장성을 분석했는데 내용이 잘 읽히지 않는다. 한 문장 한 문장을 공부하듯 읽어야 한다. 조 사원은 다시 시장 성장성에 대한 메시지를 두 가지 측면으로 나눠 구체화한다.

　보고서가 발전하는 게 보이니 일이 점점 더 재밌다.

**시장 분석: 높은 성장성. 잠재 규모에서 매력적이고 고객 특성상 진입
장벽이 낮음.**

- 성장 측면: 최근 5년간 높은 성장세를 보이며, 선진 사례 분석에서
한국의 잠재 시장 규모가 높을 것으로 판단됨.
    - 최근 5년간 성장 추이 연평균 15%: ○○년 ○○%, ○○년
○○%, …….
    - 미국의 경우 ○○년 이후로…….
    - 영국의…….

- 고객 특성: 현재 브랜드에 충성도가 높지 않음. 특히 짧은 시간에 바로
접속할 수 있는 속도와 단순한 UI를 제공하는 편의성에 높은 선호도를
보임.

CORE Lesson

문서는 귀로 듣는 게 아니라 눈으로 보는 것이다. 보자마자 파악되는
구성, 핵심을 쉽게 파악할 수 있는 문장을 작성하자.

조 사원은 이제 보고서를 한 장으로 만들려 한다. 지금까지 배운 내용을 몇 줄로 정리하고 다음과 같이 작성했다.

✔ 상사의 과제를 이해하고 핵심이 명확한 제목을 만든다.

✔ 상사의 질문을 순서대로 정리해 보고서의 스토리라인을 완성한다.

✔ 전체 구조가 시각적으로 한눈에 이해되도록 구성한다.

✔ 핵심(과제에 대한 답)을 두괄식으로 서술한다.

AI를 활용한 기업 교육 서비스(가칭 AE) 타당성 검토 보고

AE 사업은 시장이 크고 진입 장벽이 높지 않아 후발 주자로서 경쟁이 가능하다. 당사가 보유한 자원을 활용해 효율적으로 추진 가능한 점에서 추진이 타당하다.

1. 목적: AE 사업 관련 입체적 환경 분석을 통해 추진 타당성 검증

2. 입체적 환경 분석
1) 시장 분석: 시장이 크고 잠재 규모도 매력적이다. 고객 특성상 진입 장벽이 낮다.

- 성장 측면: 최근 5년간 높은 성장세를 보이고 있다. 선진 사례 분석 시 잠재 시장 규모도 높을 것으로 판단된다.
  - 최근 5년간 성장 추이 연평균 15%: ○○년 ○○%, ○○년 ○○%, ……
  - 미국의 경우 ○○서비스 출시 3개월 만에…….
  - 영국은 ○○○○을 기반으로 한…….
- 고객 특성: 브랜드 충성도가 높지 않다. 기능 측면, 특히 짧은 시간에 바로 접속할 수 있는 속도와 단순한 UI를 제공하는 편의성에 높은 선호도를 보인다.

  (고객 설문 결과: 브랜드 중요 ○○%, 속도 중요 ○○%, UI 내 편의성 중요 ○○% / KY연구소)

2) 경쟁 강도 분석: 전략적인 서비스를 내놓은 경쟁사가 없고 절대 강자가 존재하지 않아 후발 주자로서 경쟁 진입에 용이하다.
- 경쟁사들의 전략은 특별한 서비스 시스템을 개발하기보다 대부분 기존 콘텐츠를 활용해 VOD 형태로 공급하고 있다.
  - ※ 인공 지능을 활용한 큐레이션 서비스를 제공한다고 하나, 소비자 측면에서는 기존 방식과 비교해 차별화된 효용 가치가 없다.
- 시장 점유율은 현재 주요 업체 4개사가 35%를 점유하며, 나머지 65%를 소규모 업체들이 점유하고 있다.
  - ※A사(11%), B사(9%), C사(8%), D사(7%)

3) 당사 경쟁력 분석: 기보유 자원(영업 채널, 판매 채널, 인력) 활용이
   가능하고 대내외 여건이 좋다.
   – 활용 가능 자원: 즉각 활용 가능 / 초기 진입 비용 절감 가능 / 별도
   차입 없이 보유 현금으로 추진 가능.
   • 영업 채널과 판매 채널을 바로 활용해 서비스 마케팅, 판매가
     가능하다.
   • 경험이 풍부한 ○○사업 부문 개발자와 인력을 활용해 고객
     눈높이에 맞는 상품 개발이 가능하다.(1개월 이내 시제품 완성,
     3개월 이내 판매 시작)
   • 현금 유동성이……
   – 브랜드 이미지 강점을 활용, 고객의 긍정적 이끌어낼 가능성
   충분: …….

3. 추후 진행 방향
   – …….
   – …….

단숨에 일잘러가 되는 비책이 있을까?

"그동안의 기업 역사 강의와는 전혀 다르게, 교육생의 흥미를 확 끌 수 있는 콘텐츠를 만들어주세요."

"물론입니다!"

고객사의 요청에 자신 있게 대답한 지 3주일이 지났다. 바로 다음주가 마감인데 고객사는 우리가 제시한 모든 콘텐츠가 불만족스럽다고 답했다. 퇴임 임원 인터뷰까지 제안해봤지만 한결같은 대답이 돌아왔다. "이미 다 해본 겁니다."

하늘 아래 새로운 것이 없었다. 특히 기업 역사와 관련해 콘텐츠가 새롭다면 얼마나 새로울 수 있을까! 나와 팀원들의 자신감은 온데 간데 없어졌다. 해당 기업 홈페이지에는 이미 수십 페이지에 달하는 연혁, 직원 인터뷰가 줄줄이 정리되어 있었다.

프로젝트 리더로서 불면의 시간을 보내기를 며칠, 나는 책상 위에 백지를 깔았다. 그동안 우리가 제안한 내용을 모두 종이에 적었다. 고객사의 역사, 갖은 홍보물, 임직원 인터뷰, 역대 CEO 신년사, 기업 핵심 아이디어가 적힌 노트, 지금까지 출시한 제품들……

모든 것을 적고 한참 들여다본 지 얼마나 지났을까? 문득 너무나도 당연한 깨달음이 찾아왔다. 이 콘텐츠들은 모두 고객사가 보낸 자료를 바탕으로 만든 것이었다. 이 틀에서 벗어나지 않는 한 당연히 새로울 수는 없는 게 아닐까?

바로 그것이다. 고객사도 보지 못한 자료를 찾아야 한다! 그런데 그게 과연 가능할까? 그 순간 머리에 떠오르는 목소리가 있었다. '대한 뉘우스~!'

〈대한 뉴스〉는 1950년대부터 1990년대까지 정부가 직접 제작해 영화관에서 상영한 영상 보도물이다. 같은 시기 왕성하게 활동한 고객사의 자료 역시 여기 있을 확률이 높았다. 지체하지 않고 국립영상자료원 자료들을 샅샅이 훑었다.

밤새워 만든 자료에 돌아온 대답은 '대만족'이었다. 심지어 고객사 최고경영자가 영상에서 선친의 모습을 발견하곤 감격했다는 이야기도 전해왔다.

일 잘하는 비책을 실현한다는 것

신체 근육이 성장하려면 성장통이 필요하듯 사고력도 성장하려면 정신적 몸살을 겪어야 한다. 고객사와 한바탕 씨름한 이 일을 계기로

나는 일을 잘한다는 것이 무엇을 의미하는지, 일을 잘하려면 어떻게 해야 하는지 진지하게 고민하기 시작했다.

우리는 모두 자기 일을 잘하길 원한다. 인간의 감정 조절 능력은 생각보다 미약해서 우리의 일상 대부분은 일의 성패에 따라 일희일비하는 굴곡에 빠진다. 하는 일마다 엉망인 사람은 직업의 안정성이 흔들리기 전에 스스로 자괴감에 먼저 빠질 것이다.

그렇다면 일을 잘하는 비책이 있을까? 이 세상에는 셀 수도 없이 많은 종류의 일이 존재하는데, 그 일을 모두 관통하는 비책이라는 게 과연 있을까?

운동에도 수많은 종목이 있다. 종목마다 기술과 규칙이 달라서 한 분야의 세계 챔피언이라도 다른 분야까지 잘하는 것은 불가능하다. 그럼에도 대부분의 선수가 가지고 있는 공통점은 하나 있다. 바로 근력이다.

어떤 종목이든 최고의 결과를 내려면 근력은 필수 중의 필수다. 아무리 머리로 경기 규칙과 기술, 요령을 배웠다 해도 근력이 뒷받침되지 않으면 경기장에 설 수 없다. 쇼트트랙 선수의 다리 근육, 레슬링 선수의 목 근육을 보며 우리는 그들이 수년간 흘렸을 땀과 노력을 상상하며 감탄과 박수를 보낸다.

직장인에게도 이 근력과 같은 것이 있다. 바로 사고력이다. 각자의 업무가 무엇이든 보이지 않는 고객의 니즈를 찾고, 문제의 본질을 이해하며, 숨은 변수를 고려해 효과적인 해결책까지 찾아내는 힘은 결국 생각하는 힘, 즉 사고력이다. 그런데 우리는 각자의 사무실에서 훌륭하게 업무를 해결하는 사람들을 만나면서도 그들이 사고력을 키우기 위해 어떤 노력을 했는지 상상하기가 쉽지 않다. 생각하는 힘은 어떻게 키울 수 있는 걸까?

첫걸음은 반성이다. 반성은 눈에 보이는 어떤 결과를 두고서 왜 그런 결과가 나왔는지 보이지 않는 이유를 파악하는 것을 말한다. 내 업무가 성공했다면 왜 성공했는지, 실패했다면 왜 실패했는지 숨은 원인을 찾아내는 훈련에서 사고력은 성장하기 시작한다.

그다음은 계획이다. 계획한다는 것은 목표를 이루기 위해 보이지 않는 변수를 찾고 그에 대응하는 조치를 세우는 것이다. 아직 발생하지 않았지만 일어날 가능성이 있는 일들을 미리 생각하는 것은 고도의 사고력이 필요한 행동이다. 변수를 예측하기 위해 개인의 경험, 집단의 기록, 전문가의 연구 등 모든 자료를 활용해야 하기 때문이다.

마지막은 고민과 돌파다. 앞서 나의 경험을 통해 조심스럽게 얘기하자면, 아는 것과 삶으로 경험하는 것은 전혀 다른 일이다. 문제 해결을 위해 두뇌를 극한의 상황까지 몰아붙이고, 그 결과로 고객을 감동시키는 해결책을 만드는 경험을 해본 사람은 사고의 힘, 생각의 힘이 얼마나 위대하고 중요한 것인지 깨닫는다.

인생이라는 올림픽 무대

이 책의 여정을 통해 보여준 C.O.R.E. 생각법은 일종의 지도일 뿐이다. 그 지도를 들고 항구에 앉아만 있다면, 그대로 나이 들어가며 삶을 마칠 수밖에 없다. 위험하고 힘들고 고생스럽더라도 직접 바다로 나가는 사람만이 새 땅을 찾고 열매를 맛볼 수 있다.

"나보다 더 많은 땀을 흘린 사람이 있다면 이 금메달을 가져가도 좋습니다"라고 외친 한 올림픽 국가대표 선수가 있었다. 이들이 오직 다음 올림픽을 위해 4년간 몸을 단련하듯 우리도 생각하는 힘을 키우기 위해 각자의 자리에서 힘차게 나아가보자. 인생이라는 무대에서 시상대에 오르기까지 이 책이 우리와 함께 울고 웃어줄 동반자가 되길 바라본다.

보고는 요약이다

초판 1쇄 발행   2022년 6월 27일
초판 4쇄 발행   2023년 3월 2일

지은이 • 박준서, 김용무

펴낸이 • 박선경
기획/편집 • 이유나, 강민형, 지혜빈
마케팅 • 박언경, 황예린, 오정빈
디자인 제작 • 디자인원(031-941-0991)

펴낸곳 • 도서출판 갈매나무
출판등록 • 2006년 7월 27일 제395-2006-000092호
주소 • 경기도 고양시 일산동구 호수로 358-39 (백석동, 동문타워 I) 808호
전화 • 031)967-5596
팩스 • 031)967-5597
블로그 • blog.naver.com/kevinmanse
이메일 • kevinmanse@naver.com
페이스북 • www.facebook.com/galmaenamu

ISBN 979-11-91842-23-4/03320
값 15,500원